Stefan Eggert

Spaziergänge in
Schöneberg

HAUDE & SPENER

Abbildungen: BVG (Jürgen Donath) (S. 25), Stefan Eggert (S. 6, 11, 27, 31, 32, 41, 52, 53, 54, 57, 67, 77 u., 83, 87, 91, 100), Heimatmuseum Schöneberg (S. 13, 18, 28, 40, 49, 74, 75, 77 o., 85, 86, 89, 95, 97, 99), Annette Röttger (S. 19, 22, 35, 39, 43, 61, 63, 64, 70, 79), Verlag Das Neue Berlin (S. 46)

Mein Dank an die Autoren, die vor mir über Schöneberg geschrieben haben, läßt sich im einzelnen kaum auflisten. Besonders hervorheben möchte ich die Publikationen der »Berliner Geschichtswerkstatt« und des Heimatmuseums Schöneberg. Frau Veronika Liebau vom Archiv des Heimatmuseums sei besonders für die Bereitstellung historischer Abbildungen gedankt. Gedankt sei zudem an dieser Stelle Annette Röttger für die Fotosafaris im Dschungel der Großstadt, Magdalena Schuhmacher und Karsten Hintz für die gestrenge Computer-Regie und meiner Tochter Isabel für ihre Geduld und die zögerliche Einsicht, daß Schöneberg mehr ist als der kürzeste Weg zwischen zwei Spielplätzen und dem Eisladen gegenüber.

Die Deutsche Bibliothek – CIP-Einheitsaufnahme

Eggert, Stefan:
Spaziergänge in Schöneberg / Stefan Eggert. – Berlin:
Haude und Spener, 1997
   (Berlinische Reminiszenzen; 78)
   ISBN 3-7759-0419-0
NE: GT

© 1997 Haude & Spenersche Verlagsbuchhandlung GmbH, Berlin
Satz: Volker Spiess, Berlin
Umschlag: Uwe Friedrich, Berlin
Gesamtherstellung: Ebner, Ulm
ISBN 3-7759-0419-0

Inhalt

Wochenmarkt auf dem Winterfeldtplatz

Schöneberg – ein weites Feld

Schöneberg ist eigentlich ein zu weites Feld, um es in diesem Umfang abhandeln zu können, zumal jeder Schöneberger sein eigenes Bild und vielleicht auch sein eigenes Buch über Schöneberg im Kopf haben mag. Vielseitig und unterschiedlich, wie die Menschen nun einmal sind, wird kein Bild und kein Buch mit dem anderen übereinstimmen. In Schöneberg leben mittlerweile Menschen aus einhundertachtzehn verschiedenen Nationen, etwa zwanzig Prozent unser Mitbürgerinnen und Mitbürger sind ausländischer Herkunft. Das prägt nicht nur das kulturelle Bild dieses Stadtteils, der zusammen mit Friedenau mitten in Berlin liegt, eingegrenzt von Charlottenburg, Tiergarten, Tempelhof, Steglitz und Wilmersdorf; es prägt darüberhinaus auch das Zusammenleben der eingeborenen, der gelernten und der mehr oder weniger flüchtigen Schöneberger.

Diese zuweilen problematische, überwiegend jedoch interessante und chancenreiche Realität im Bezirk ist auch ein Beispiel dafür, wie ein Miteinander der verschiedenen Kulturen, Religionen und gesellschaftlichen Sitten in einer großstädtischen Metropole funktionieren kann. Toleranz ist sicherlich eine der wichtigsten Tugenden der Menschen, und in Schöneberg wird sie seit jeher praktiziert. Selbstverständlich gibt es Konflikte, Ausgrenzungen und dumpfe Feindseligkeiten. Auch Schöneberg hat die Probleme jeder Großstadt, von der Kriminalität bis zur unerträglich hohen Verkehrsdichte mit all ihren Folgen.

Wer einigen der Spaziergänge durch Schöneberg und Friedenau folgt, wird die Vielseitigkeit dieses Stadtteils selbst erfahren. Eingefleischte Schöneberger vermissen vielleicht einiges, was sie gern hervorgehoben oder erwähnt und gewürdigt wissen wollen. Dem einen mag die Historie etwas zu kurz gekommen sein, dem anderen die Ironie in manchen Beschreibungen nicht gefallen – nun, dies ist eine persönliche Ansicht von Schöneberg, ein subjektives Bild. Der Autor ist als geborener Berliner etwas empfindlich gegenüber historischen Fälschungen, in denen die vermeintlich »gute, alte Zeit« als »Zille sein Milljöh« zurechtgeschustert wird. Das lebendige, vielseitige, multikulturelle (hier paßt das Wort wirklich) und gegenwärtige Schöneberg auf der Folie seiner Geschichte ist das Terrain, auf dem die folgenden Spaziergänge stattfinden.

Sie sind bequem zu Fuß oder mit dem Fahrrad zu bewältigen. Schöneberg und Friedenau werden von mehreren U-Bahn-, Bus- und S-Bahnlinien durchquert, so daß auch die freie Wahl bleibt, wo man einen Gang beginnt, unterbricht und wieder fortsetzt. Das kann man selbst mit Kindern unternehmen, denn obwohl Schöneberg mit Parks und Grünflächen nicht sonderlich verwöhnt ist – vergleicht man die Anzahl und Fläche der Parks mit den Nachbarbezirken –, gibt es doch eine ganze Menge spannende Kinderspielplätze, in deren Nähe dann auch Cafés und Restaurants zu finden sind. Sogar bei unfreundlicher Witterung läßt sich das Angenehme mit dem Nützlichen verbinden, denn das Angebot an Einkaufsmöglichkeiten ist groß und vielseitig. Die sogenannte Hochkultur ist in Schöneberg etwas unterrepräsentiert, dafür gibt es ein sehr einfallsreiches Heimatmuseum, Off-Theater, Kinderbühnen und sehenswerte Galerien.

Vom Bülowbogen
zur Kaiser-Wilhelm-Passage

Beginnt man mit einem Rundgang durch Schöneberg nun am Rand oder mittendrin, auf der leichten Anhöhe Alt-Schönebergs oder in den Niederungen der alternativen Kulturszene? Vielleicht läßt man sich am besten auf Schienen vom Osten oder vom Westen hineingleiten in diesen Stadtteil, taucht entweder über den doppelstöckigen S-Bahnhof Schöneberg in die Atmosphäre des Viertels ein oder gerät ganz plötzlich aus der Dunkelheit ans Licht und fährt mit der U-Bahn die Hochbahntrasse zwischen Nollendorfplatz und Gleisdreieck entlang. Allein diese hochbeinigen Eisenkonstruktionen sind einen Abstecher wert, wenn man unten die dunklen Säulenfluchten entlangschaut, während oben die gelben Waggons rumpeln und quietschen und in die endlich wieder lichtdurchfluteten Bahnhöfe einfahren.

Vom Hochbahnhof Bülowstraße kann man sich einen ersten Überblick verschaffen. Die U-Bahn, lange Zeit stillgelegt und nur zeitweilig von einem nostalgisch verbrämten U-Bahnwaggon im touristischen Pendelverkehr zwischen Nollendorfplatz und Bülowstraße befahren, überquert und teilt die Potsdamer Straße, die Hauptverkehrsader des Schöneberger Nordens. Um diese Gegend ranken sich jene mythischen Erzählungen, Kriminalpossen und Skandalgeschichtchen von der sogenannten »Potse« und dem Bülowbogen. Wie weit Schöneberg als Bezirk oder Stadtteil nun reicht – ob bis zur Potsdamer Brücke über den Landwehrkanal, wie oft behauptet wird, da eben die Potsdamer Straße so weit führt,

9

oder nur bis zur Hochbahntrasse, kann an dieser Stelle mit der Wahl einer amtlich festgelegten goldenen Mitte entschieden werden. Die Grenze von Schöneberg zum Bezirk Tiergarten ist heute die Kurfürstenstraße, deren Gold nun allerdings sehr matt glänzt, womit wir wieder bei alten Mythen, mehr aber noch bei den gegenwärtigen Problemen angelangt wären, die tagtäglich ein zwielichtiges Treiben rund um den U-Bahnhof Kurfürstenstraße offenbaren. Drogenhandel, Kriminalität, Bandenwesen und Prostitution sind hier fest miteinander verbunden. Einige kleinere Nebenstraßen wurden da und dort schon gesperrt, um den zuweilen notorisch strömenden Autokorso der Freier umzulenken oder gar abzuschrecken. Der vermeintliche Spaß hört allerdings auf, wenn man gerade hier die enge Verflechtung von Drogenabhängigkeit und Drogenhandel bemerkt, wo junge Männer, gleich welcher Herkunft, auf der Suche nach neuen weiblichen Opfern sind, die sie in die Spirale von Abhängigkeit, Geldmangel und Prostitution ziehen können.

Der größte Teil des »Amüsierbetriebs« läuft hingegen verdeckt ab, in »Clubs« und Pensionen, Spielhallen und merkwürdig konspirativen Kneipenhöhlen. Daneben sieht man in der Nähe der Hochbahn die Videotheken für die Restphantasie, türkische Dönerläden, Reisebüros, eines der ältesten Antiquariate der Stadt und dann schon die Kreuzung Potsdamer/Bülowstraße, eingefriedet von den glattpolierten Palästen großer Banken.

An dieser Ecke gibt es – eingelassen in den Bürgersteig – ein Denkmal für den Hausbesetzer Klaus-Jürgen Rattay, der hier von einem in Panik geratenen Busfahrer mit einem Doppeldecker zu Tode geschleift wurde. 1981 war das, als sich Innensenator Heinrich Lummer felsenfest und unerschrocken dazu entschlossen hatte, die besetzten Schöneberger Häuser polizeilich räumen zu lassen, um dann auch noch, als die Arbeit getan war, am Tatort in Siegerpose zu erscheinen, was erhebliche Tumulte und einen »Aussetzer« mit Todesfolge provozierte. Eines der letzten Rückzugsgebiete der Hausbe-

U-Bahnhof Bülowstraße

setzer, die sich mittlerweile fast wahllos jedes Unrecht der Welt auf ihre schwarz-roten Fahnen sprühen, ist das K.O.B. ein paar Häuser weiter gegenüber vom »Sozialpalast«, etwas seitlich vom engagierten Kulturzentrum für Frauen namens »Begine«. Wie zu allen Zeiten leben an dieser berüchtigten Meile ganz normale Menschen, eine Mischung aus türkischen, osteuropäischen und deutschen Leuten, deren Geschäftigkeit tagsüber dem ganzen Viertel ein lebendiges Ansehen gibt, sieht man einmal vom abwechselnd stockenden oder strömenden Autoverkehr ab.

Im zweiten Drittel des letzten Jahrhunderts wurden in diesem Viertel an Potsdamer und Bülowstraße anstelle kleinstädtischer Villen mit Gartenanlagen Mietskasernen mit vier bis sechs Stockwerken gebaut. Der Baustadtrat James Hobrecht hatte für dieses Vorhaben seit 1858 einen »Bebauungsplan von der Umgebung Berlins« erstellt, der es der Stadtverwaltung Berlin erlaubte, das 1861 eingemeindete Schöneberger Gebiet zwischen dem heutigen Kleistpark und dem Landwehrkanal in eigener Regie zu bebauen. Durch diese Eingemeindung verlor Schöneberg seinerzeit übrigens ein Großteil seines Stadtgebietes, das später wieder dem Bezirk zugewiesen wurde, aber da gab es schon keinen Kaiser mehr. Die beiden sich kreuzenden Prachtstraßen, damals weitaus wichtiger und lebendiger als etwa der Kurfürstendamm, wurden mit – teilweise noch heute existierenden, inzwischen sanierten oder restaurierten – Häusern bebaut und mit verschnörkelt schmuckvollen Fassaden versehen, deren Stil meist ein »neo« vorangestellt wird: Neogotik, Neobarock, Neorenaissance; wer hier aufmerksam entlangflaniert oder mit der U-Bahn an der Fassadenseite entlangfährt, kann so manche Perle entdecken, besonders wenn er sich in die Hausaufgänge oder Hinterhöfe hineinschmuggelt. Erst in den kleineren Nebenstraßen befanden sich dann die Mietskasernen, die zur Straße hin den flüchtigen Betrachter oftmals mit vergleichbar prunkvollen Fassaden blendeten, im Inneren aber mit kleinen Wohnungen ohne jeglichen Komfort ausgestattet

Ecke Potsdamer Straße/Bülowstraße 1926

waren, ohne Bad, dafür Außentoilette, feuchte Wände, Dunkelheit in den hintereinanderliegenden drei, vier, fünf Höfen, wo allenfalls Platz für den Wenderadius einer Feuerspritze obligatorisch war. Ein Gang durch die Steinmetzstraße läßt eine Ahnung von der damaligen Gestalt zu. Beachtenswert ist hier die Backsteinfassade der Fachschule an der Ecke Kurfürstenstraße, und wenn man den kurzen Weg zur Potsdamer Straße zurückläuft, findet man ein ehemaliges Wohnhaus der Familie des Schriftstellers und philosophischen Essayisten Walter Benjamin (die Nr. 154 mit der schönen Apotheke).

Walter Benjamin, der eines der schönsten Bücher über das Berlin der Jahrhundertwende geschrieben hat – »Berliner Kindheit um neunzehnhundert« – wurde ganz in der Nähe geboren, am Magdeburger Platz, der zum Bezirk Tiergarten gehört. Das Haus steht heute nicht mehr, so wie viele Wohnungen und Häuser, in denen die Familie Benjamin gelebt hat. Die Rettung des Vergangenen, die Walter Benjamin in

13

seinen berühmten geschichtsphilosophischen Thesen einklagt, ist im übertragenen Sinn dem Angedenken seiner eigenen Person nur zögerlich und spät zuteil geworden. Als vertriebener und verfolgter Jude ereilte ihn der Tod in einem fremden Land, und in Berlin erinnern nur Fragmente, Ruinen und leere, verwahrloste Flächen an Benjamins Berliner Kindheit und Jugend. Walter Benjamin setzt die Bilder seiner großbürgerlichen Kindheit in einer expandierenden Metropole von den erinnerten Bildern einer Kindheit auf dem Lande deutlich ab: *Dagegen sind die Bilder meiner Großstadtkindheit vielleicht befähigt, in ihrem Inneren spätere geschichtliche Erfahrung zu präformieren. In diesen wenigstens, hoffe ich, ist es wohl zu merken, wie sehr der, von dem hier die Rede ist, später der Geborgenheit entriet, die seiner Kindheit beschieden gewesen war.* Walter Benjamins Berliner Kindheitsbilder sind weder sentimental noch nostalgisch, sie zeigen die Verstecke und kleinen Fluchten des erwachenden Kindes in einer erschreckenden Erwachsenenwelt, sie zeigen den Übergang von einer Traumwelt, in der Dinge und Orte durch die Phantasie des Kindes beseelt werden, in eine Welt, in der die Dinge sind, was sie sind: kalt, benutzbar und trostlos.

Nach Abschluß der Bebauung rund um den Bülowbogen – Mitte der achtziger Jahre des vorigen Jahrhunderts – blühte innerhalb kürzester Zeit die Prostitution auf, zahlreiche Kneipen, Spelunken und Ballhäuser entstanden, Elend und Kriminalität gaben sich die Hand, doch wirklich reich wurde davon niemand. Homosexuelle Clubs und heterosexuelle Spelunken fand man hier allenthalben, und offenbar gar nicht mal teuer. Das Milieu hat sich zwar geändert und ist facettenreicher geworden – vom Sexladen für das schmale Portemonnaie bis zum gediegenen Etablissement –, aber irgendwie ist der fadenscheinige Glanz, den Benny Härlin und Michael Sontheimer in ihrem Buch über die Potsdamer Straße schon kritisch beäugt hatten, verblaßt. Ein Schriftsteller vom Prenzlauer Berg, der nicht genannt werden soll, berichtet über seine erste Westerfahrung mit dem Milieu nach der

Wende: »Kaum biste drin, willst nur mal kieken, man wird ja freundlich gebeten, fast genötigt, sitzt schon ne Dame – prächtig wenig am Leibe – an deinem Tisch, schon steht, du hast nicht mal genickt und kaum verstanden, was einer – oder eine? – dir zugehaucht hat, steht die Flasche Sekt, stehen zwei Gläser vor dir, du möchtest doch lieber gehen, der Korken knallt, du suchst nach deiner Jacke und möchtest rasch hinaus, Mißverständnis murmelnd, da packt dich einer am Kragen, verlangt glatt ein paar hundert Mark, die du ihm lieber gleich hingibst, und schon bist du draußen und hast nicht mal am Kelch genippt, geschweige denn dich näher mit der Dame befaßt.«

Folgt man der Bülowstraße zum Bülowbogen, dem Knick in der Straßenführung Richtung Kreuzberg, so stößt man hinter der ruhigen Steinmetzstraße und der Blumenthalstraße auf den Nelly-Sachs-Park und auf den verschlafenen Dennewitzplatz. Die Straße der preußischen Generäle (Kleist, Bülow, Dennewitz, Yorck, Gneisenau und andere) verläßt am Dennewitzplatz, der mit seiner riesigen, 1891–1894 von Johannes Otzen erbauten Lutherkirche einer Insel im Verkehrsstrom gleicht, die Hochbahntrasse. Mit singenden Rädern ziehen nun die gelben Wagen durch die weitgezogene Kurve Richtung Gleisdreieck.

Nach einem königlichen Erlaß und einer darauf folgenden Kabinettsorder von 1864 sollten Straßen und Plätze nach ruhmreichen Schlachten und nach ebenso verdienstvollen wie tapferen Generälen benannt werden, und da sich die preußischen Generäle Tauentzien und Bülow mit der preußischen Befreiungsarmee 1813 in Dennewitz beim brandenburgischen Jüterbog erfolgreich der napoleonischen Besatzungsarmee entgegengestellt hatten, gebührte ihnen zuerst diese Ehre. Der heutige Nelly-Sachs-Park hieß früher und vor seiner grundlegenden Umgestaltung Dennewitzpark.

Nun hat die jüdische Dichterin Nelly Sachs mit diesem Platz rein gar nichts zu tun, doch preußische Generäle durch jüdische Dichterinnen zumindest in der Namensgebung zu ersetzen, ist ein durchaus bemerkenswerter und sympatischer Zug, der in Schöneberg noch mehrfach zu bedenken sein wird. Dem Platz merkt man eine etwas verkrampfte Planungswut an. Ein Teich ziert ihn, auf dem man im Winter kleine Schlittschuhrunden drehen kann, der ansonsten aber für die hier spielenden Kinder einige Gefahren birgt, wenn sie denn trotz ausgeschilderter Warnung und einem eher sumpfigen Ambiente darin planschen wollen. Welches Kind liest oder beachtet gar Schilder? Der sprichwörtliche preußische Gehorsam hat sich doch ganz entscheidend gelockert, und auch die vielen türkischen Kinder scheren sich wenig um Verbote und Gebote. Auf der östlichen Seite des Platzes steht das letzte noch erhaltene Gebäude der urspünglichen Bebauung, das 1899 von Ludwig Hoffmann errichtete ehemalige Verwaltungsgebäude der Volksbadeanstalt, das jetzt die architektonisch interessante Gesellschaft eines stilistisch durchaus hintersinnig mit ihm korrespondierenden Wohnhauses bekommen hat. Auch die weitere Zeilenbebauung vor der Brachfläche der Hochbahn Richtung Gleisdreieck kann sich durchaus sehen lassen. Vor wenigen Jahren vegetierte hier fast unerreichbares Ödland vor sich hin, da die U-Bahn auf diesen Gleisen nicht mal mehr nostalgisch verkehrte. Durch die jüngste Erschließung mit Wohnzeilen wird diese sonst eher sackgassenartige Ecke Schönebergs enorm aufgewertet, und vielleicht werden dann auch nicht mehr so oft die originellen und begehrten Lampenschirme am Nelly-Sachs-Platz gestohlen!

Unübersehbar erhebt sich hinter der U-Bahntrasse die schon erwähnte Lutherkirche von Johannes Otzen. In die kleine Gartenanlage rund um den riesigen Backsteinbau verirrt sich selten mal jemand. Zu imposant droht hier offenbar der mächtige Turm. Und »Walther'chens Ballhaus« lockt seit seinem Abriß im Jahr 1975 auch nicht mehr in den Bülowbogen zur Damenwahl. Eine stadtbekannte Institution für die unterschiedlichsten Vergnügungen war dieser Saalbau mit den über zweitausend Plätzen. Das Gebäude fiel der Sanierung zum Opfer. Die Leute gehen offenbar kaum mehr in diesen Mengen in Tanzsäle und behelfen sich schon seit Jahren vor der Mattscheibe ersatzweise mit dem Dauerbrenner »Praxis Bülowbogen.«

Was man mit Radikalsanierungen in den siebziger und achtziger Jahren so angerichtet hat, wird man besonders gut in den Straßenzügen Steinmetz-, Kirchbach- und Alvenslebenstraße erfahren, etwa zwischen den verkehrsumtosten Tangenten der Bülow-, Goeben- und Potsdamer Straße. Was durch die Lage eine kleine Kiezidylle hätte werden können, ist eher zu einem architektonischen Brachland geworden. Die gut gemeinte Verkehrsberuhigung verlockt zwar zum Spielen und Verweilen auf den Straßen, aber die einfallslose Möblierung und hilflose Bepflanzung wirken doch trist und sind zudem schnell abgenutzt. Solcherlei Stillegung eines sozialen Lebens durch Planung wird man in Schöneberg leider noch mehrfach begegnen.

Zurück zur Potsdamer Straße, die südlich des U-Bahnhofs Bülowstraße nicht mehr von Finanzämtern und Banken beherrscht wird, sondern von kleinen Läden, Imbißbuden und dann und wann einem Sexladen. Das Wohnhaus Potsdamer Straße 131 fällt nicht nur durch seine wunderschöne Fassadengestaltung auf – Franz Kemnitz baute es 1897 –, sondern auch durch die vortrefflich sortierte Buchhandlung »Kommedia« und das schöne Caférestaurant im Erdgeschoß.

Weiter nach Schöneberg hinauf nähert man sich dem »Sozialpalast«, einem gigantischen Häuserkomplex zwischen Pallas- und Goebenstraße, der von außen einen gleichermaßen faszinierenden wie abschreckenden Eindruck erweckt. Hier stand einst auf historischem Boden der Sportpalast. Eine Tafel erinnert an den Brüllaffen Goebbels, der vor einem ebenso ausgehungerten wie aufgehetzten Publikum in der kampferprobten Arena den »totalen Krieg« propagierte – und massenwahnartigen Zuspruch hervorlockte. Vormals – seit 1840 – stand auf diesem Gelände das hochherrschaftliche Anwesen des Oberbaurates August Leopold Crelle, nach des-

Das Innere des Sportpalastes (hier als Eisarena genutzt)
in den dreißiger Jahren

sen Entwürfen die Berlin-Potsdamer-Eisenbahn gebaut wurde. Nachdem das Grundstück die Besitzer mehrfach gewechselt hatte, wurde im Dezember 1910 nach kurzer Bauzeit der
Sportpalast eröffnet, in dem es zum Vergnügen der Berliner
etliche Kunsteisbahnen gab, Revuen stattfanden, Radrennen
gefahren wurden und später auch große Rockkonzerte die
Fundamente erschütterten. Der Schriftsteller Franz Hessel
beschrieb 1929 den eigentümlichen Reiz der Sportveranstal-
tungen noch vor den großen Katastrophen: *Wer das Volk von
Berlin im Fieber sehen will, versäume nicht, einen Teil der 144
Stunden zu erleben, in denen auf schräger Holzbahn die Fahrer des
Sechstagerennens ihre Runden durch die Riesenhalle machen. Im
Mittelraum und in den Logen wird er Gesellschaft sehen, »Köpfe«,
Prominente, schöne Schultern in Zobel und Fuchs. Will er aber
unter den wahren Kennern sitzen, unter denen, deren Anteil am
unmittelbarsten und berlinischsten ist, muß er sich unter die Swea-
ter und Windjacken auf der Galerie mischen. Da wird keine wichti-*

Vom Sport- zum Sozialpalast: der Wohnblock in der Pallasstraße

ge Wertung oder Überrundung unbeachtet gelassen, da wird strengste Kritik geübt und am heftigsten geklatscht. Ist gerade »nichts los«, wird Karten gespielt. Doch im selben Atemzug berichtet Franz Hessel mit lakonischer Ironie von den Kundgebungen und Kämpfen der Kommunisten und der Nazis im Sportpalast: *Mit unparteiischem Echo dröhnen seine Wände »Hakenkreuz am Stahlhelm« und »Auf zum letzten Gefecht« wieder wie die Zurufe der Sportfreunde. Es ist ja alles Überschwang derselben ungebrochenen Lebenslust.*

1974 wurde der Sportpalast abgerissen und der »Sozialpalast« mit preiswerten Wohnungen errichtet, dessen scheinbar seelenlose Funktionalität viele Leute empört hat. Hier wohnen hauptsächlich Türken und ihre in Deutschland geborenen Kinder auf engstem Raum. Ringsherum hat sich eine türkische Infrastruktur entwickelt, die man allerdings nicht als Ghetto bezeichnen kann, denn die soziale, nationale und kulturelle Struktur ist durchaus offen und lebendig. Für die sozialen Belange Jugendlicher versucht der »Pallasladen« sein möglichstes zu tun, es gibt Mieter- und andere Beratungsläden, und in zwei Naturkostgeschäften kann man Brot, Körner und Gemüse sogar noch günstig erwerben, was nur noch von den türkischen Lebensmittelbasaren, deren Obst- und Gemüseauslagen das Bild der Bürgersteige prägen, preislich unterboten wird.

Gewiß ist die Potsdamer Straße nicht mehr das, was sie einmal war. Von welcher Straße, welchem Viertel oder Bezirk könnte man das noch behaupten? Krieg, Nachkrieg, Spekulationen und Sanierungen haben tiefe Lücken in das Straßenbild geschlagen, und die heutige Gestalt der Potsdamer Straße bietet ein teils kurioses, teils erschreckendes und dann aber auch wieder interessantes und sehenswertes Bild. Für Passanten ist diese Durchgangsstraße ohne angelernte Fluchtinstinkte nur an Ampelübergängen gefahrlos zu überqueren, dafür sind immerhin die Bürgersteige von einer flanierfreundlichen Breite. Wer nicht die Geschäftsauslagen betrachtet, kann in der Abfolge des Straßenverlaufs viele architektonische Entdeckungen machen, von der Gründerzeit über die Neue Sachlichkeit bis zu den kaum zu übersehenden Bausünden der siebziger und folgenden Jahre, die nun aber auch nicht in Bausch und Bogen über einen nostalgischen Kamm geschert werden sollten, findet man doch immer wieder Gebäude oder ganze Baukomplexe, die beachtenswert sind.

Direkt vor den Königskolonnaden, die auf den Kleistpark zuführen, erhebt sich das von Bruno Paul in den späten zwanziger Jahren errichtete Kathreiner-Hochhaus, das durch seine streng gegeneinander abgesetzte horizontale und vertikale Fassadenführung ebenso elegant wie sachlich wirkt. Dieses Verwaltungsgebäude ist mit dem angenehm hell-porösen Travertinstein verkleidet, und die langen Fensterbandreihen verstärken noch den Eindruck gedämpfter Helligkeit. Wie unterschiedliche Epochen und deren Baustile miteinander korrespondieren können, ohne sich gegenseitig auszuschließen, sieht man sehr deutlich, wenn man den Blick zwischen dem Kathreiner-Hochhaus und den 1777–1780 von Carl von Gontard erbauten Königskolonnaden schweifen läßt. Die Säulenführung dieses barocken Bauensembles, das ursprünglich schloßnah im alten Berliner Zentrum gestanden hat, findet eine Entsprechung in dem seitlich gelegenen Eingangs- und Straßenbereich des Gebäudes von Bruno Paul.

Der Flaneur Franz Hessel hatte diesen Kolonnaden in seinem Buch »Spazieren in Berlin« eine etwas lästerliche, aber durchaus charmante Beschreibung gewidmet: *Die nach dem Kleist-Park versetzten Kolonnaden müßten in diesem Parkrahmen Ruine sein oder wenigstens stärker verwittern. Man sollte wenigstens für Vogelnester sorgen ... Immerhin erfreuen wir uns an den gemeißelten Gewinden um die Schneckenkapitelle der Säulen und an den Reliefs darunter, die wie Buchvignetten wirken. Unter den Statuen ist ein rundliches Nymphenmädchen, das bei all seiner Rokoko-Antike im Ausdruck etwas von einer Berliner »Nutte« hat. Das muß also wohl älter sein als der Begriff. Parkeinwärts zielt eine Bogenschützin so stilvoll wie möglich über den Mummelteich auf die kleine Restflora vom ehemaligen Botanischen Garten.*

21

Die Königskolonnaden im Kleistpark und das Kathreiner-Hochhaus

1910 wurden die Königskolonnaden aus verkehrstechnischen Gründen zum Kleistpark versetzt. Steht man vor den Säulenreihen mit ihren teils von Umwelteinflüssen, teils schon wieder restaurierten Sandsteinfiguren – dem Götterboten Hermes und der fruchtbringenden Göttin Pomona –, dann fragt man sich einerseits, welche Funktion dieser aufwendige Zugang hatte und andererseits, was die Anlage, deren Ausmaße von der Straße aus kaum zu erahnen sind, mit dem Dichter und Dramatiker Heinrich von Kleist zu tun hat. Einst lag hier der kurfürstliche Küchengarten, und der Große Kurfürst bestellte den Botaniker Elßholz zum Aufseher, bis die gesamte Anlage seit 1801 unter Karl Ludwig Willdenow zum lehr- und zuchtreichen Botanischen Garten ausgebaut wurde. Pflanzen aus Übersee, aber auch aus Europa wurden hier gezogen, gediehen in den imposanten Gewächshäusern und

22

im damals einzigartigen Palmenhaus, einer Eisen- und Glas-konstruktion, die 1858 fertiggestellt wurde. Noch früher zog hier ein Romantiker seine Kreise. Der Dichter Adelbert von Chamisso, der zeitweilig in der nahegelegenen Großgörschen-straße wohnte, war von 1819 bis 1837 Kustos im Botanischen Garten. Wer literarisch mit einer der Figuren Chamissos ab-schweifen mag, kann heute noch Peter Schlehmils Schatten in dem Park oder in den rund 500 Räumen des gewaltigen Kammergerichts suchen, das 1909–1913 an der Westseite des Parkes nach Entwürfen von Paul Thoemer und Rudolf Mön-nich fünfgeschossig hochgezogen wurde. Neobarock ist die Fassade, bemerkenswert allenfalls der zentral zum Park hin gelegene Mittelrisalit sowie die Haupttreppenhalle. Ein-schüchternd, könnte man auch sagen, denn dieses Gebäude wirft einige düstere historische Schatten. Der seinerzeit aus-ufernde Botanische Garten war längst nach Dahlem verlegt und der Park zum hundertsten Todestag Heinrich von Kleists 1911 nach dem unglücklichen preußischen Dramatiker und Novellisten umbenannt worden, da nahm das preußische Kammergericht seine Arbeit in dem schloßartigen Gebäude auf.

Log sich hier etwa Richter Adam aus Kleists Drama »Der zerbrochene Krug« um Kopf und Kragen, oder fand hier der Prozeß gegen Franz Kafkas Josef K. seinen Fortgang? Es wur-de schlimmer noch, als es sich die Dichter ausdenken kön-nen. In diesem Gebäude tagte der nationalsozialistisch gleich-geschaltete Volksgerichtshof unter Roland Freisler und sprach unter anderem die Todesurteile gegen eine Reihe von Widerstandskämpfern des 20. Juli 1944 aus, nachdem man Männer wie Julius Leber geschunden und gedemütigt hatte. Volksgericht und Sportpalast – die Wege vom Unrecht zum Untergang waren nicht weit. Der Bunker an der Pallasstraße, in dem Peter Falk als Engel in Wim Wenders' Film »Der Himmel über Berlin« auftrat, steht ebenfalls noch und wurde für seine eigentliche Funktion wieder hergerichtet.

1945 stellte man dann vor dem Gebäude des Kammergerichts zwei Rossebändiger auf, die allerdings nicht vom Lieblingsbildhauer der Nazis, Arnold Breker, geschaffen wurden. Die beiden Bronzefiguren standen seit 1842 vor dem Berliner Stadtschloß, und wer mag, kann über Kontinuitäten deutscher Bildhauerkunst nachsinnen. Dann residierte in dem Gebäude der Kontrollrat der Alliierten, und unter anderem wurde an diesem Ort 1972 das Viermächte-Abkommen unterzeichnet, das den West-Berlinern den seit dem Mauerbau verschlossenen Zugang nach Ost-Berlin und in die DDR – wenn auch zaghaft und schikanös – eröffnete. 1990 verschwanden die Alliierten aus dem Kammergericht. Sie waren ohnehin nur noch durch ihre Flaggen vertreten, und die Sowjetunion hatte die Räumlichkeiten – bis auf die Mitarbeit in der Alliierten Luftüberwachungsbehörde – ja schon 1948 verlassen. Nun sind das Kammergericht des Landes und andere Behörden wieder eingezogen.

Ohnehin ist die Gegend um die Kreuzung am U-Bahnhof Kleistpark mit Behördenbauten teilweise etwas abweisend und langweilig verbaut worden, was sich glücklicherweise in der Grunewaldstraße und der Langenscheidtstraße oder die Hauptstraße hinauf jedoch ändert. Die »Berliner Verkehrsbetriebe« (BVG) sind hier in ein von den Nazis gebautes Gebäude eingezogen, das architektonisch ganz den klobigen Monumentalbauten Albert Speers verpflichtet ist: Es wurde 1938/39 an der Potsdamer Straße Ecke Grunewaldstraße für die Hauptvereinigung der »Deutschen Milch- und Fettwirtschaft« und für die »Oberste Bauleitung der Reichsautobahn« gebaut. Die BVG konnte aus der Not – nach dem Krieg in ein derart »belastetes« Gebäude einziehen zu müssen – eine verkehrstechnische Tugend machen, denn jenseits aller Autobahnen wird von hier aus ein kompliziertes öffentliches Nahverkehrssystem verwaltet, das sich sehen lasen kann.

Der Kleistpark selbst, mit seinen umliegenden Sportflächen, wird trotz dräuender Gerichtsbarkeit von den Schönebergern als Freizeitfläche genutzt. Das Kammergericht wirkt dagegen wie ausgestorben. Mit Grünflächen ist man im Ge-

BVG Hauptverwaltung

gensatz zu den umliegenden Bezirken nicht besonders verwöhnt. An der Grunewaldstraße Ecke Hauptstraße gab es bis
weit in die dreißiger Jahre hinein einen Vergnügungspark,
den Wolfgang Koeppen – damals noch beim »Berliner Bör-
sen-Courier« auch als Reporter tätig – so beschrieben hat: *Der
Platz in Schöneberg wird nicht von den Anwohnern besucht. Er
steht in keinem guten Ruf. Er ist tabu. Eltern verbieten ihren
Kindern, ihn zu besuchen. Die Kinder aber schleichen sich heimlich
hin, denn dieser Platz ist ihr eigenstes Abenteuer, die romantische
Kulisse ihrer Pubertätssehnsüchte, ein Tom-Mix- und Harry-Piel-
Naturschutzpark, den sie (in Opposition gegen jegliche Autorität)
besuchen, nicht, um sich zu amüsieren, sondern, um sich kühn und
verworfen zu fühlen. Eines der kleinen Kinos rund um den Platz
spielte vor wenigen Monaten den Drei-Groschen-Opern-Film unter
dem Titel »Der Bandenführer von London«. Es war ein Bombener-
folg; und jeder Junge ist seitdem ein Mackie Messer und jedes
Mädchen eine Polly Peachum und Seeräuberjenny in einer Person.*

25

Lange ist das her, kein Kino existiert mehr am Platz und schon gar kein Rummel, nur auf der einen Seite hat man zu gastronomischen Zwecken einen alten S-Bahn-Waggon mit ein paar Biertischen drumherum aufgestellt. In die Grunewaldstraße hinein gelangt man zu dem altehrwürdigen Gebäude der Hochschule der Künste und zur Musikschule Schöneberg. Ein paar sehr empfehlenswerte Cafés und Kneipen findet man direkt an der Kreuzung, und etwas weiter – jetzt geht es über die Hauptstraße nach Schöneberg hinauf – lockt das berühmte »Andere Ufer«, in dem man auch als Heterosexueller willkommen ist, wenn man nicht nur gafft und kichert. Wer dann noch ein echtes Off-Kino mit einem ausgesucht cineastischen Programm sucht, der wird in der Vorbergstraße fündig, denn hier gibt es den »Notausgang«, ein ganz schmales und langes Kino, in dem eine Zigarre rauchende Ernst-Lubitsch-(Pappmaché-)Figur einen Stammplatz hat und somit auf die Lieblingsfilme des vormaligen Betreibers, der leider verstorben ist, hinweist. Doch werden hier weiterhin gut gemachte Komödien gepflegt und entdeckt.

Damit ist man mitten im Kneipen- und Amüsierviertel Schönebergs, und es ist fast egal, in welcher Richtung man sich – ausgehend von der Hauptstraße – orientiert, ob zur schönen und ruhigen Crellestraße oder weiter in die Vorbergstraße, Belziger Straße zur Akazien- oder Goltzstraße und darüber hinweg, kurzum, Cafés, Kneipen und Restaurants sind hier Legion.

Geht man weiter die Hauptstraße hinauf zum alten Schöneberg, bemerkt man kurz vor dem Kaiser-Wilhelm-Platz auf der rechten Seite ein Gebäudeensemble, das man daran erkennt, daß der offensichtlich relativ neue und flache Supermarkt abrupt von einem alten Miets- und Geschäftshaus abgelöst wird, an dessen Brandmauer sich noch deutlich eine alte Reklameschrift abzeichnet. Die weiter rechts vom Supermarkt liegenden etwas flacheren Gebäude (Hauptstr. 14), in denen sich heute ein türkisches Kulturzentrum und ein türki-

Die flachen Gebäude bildeten einst das Maison de Santé

sches Mädchenhaus befinden, gehörten ehemals zum Maison de Santé, einer Kur- und Irrenanstalt (damals hieß das so), die 1861 von Eduard Levinstein gegründet wurde.

Das weitläufige Gebiet kann man auch gut von der anderen Seite einsehen, wenn man einmal um das Karree geht und sich von der Belziger Straße aus auf den Parkplatz unter den hohen Kastanien begibt. Unglaublich, daß sich ein solches Gelände, mitten in der Stadt gelegen, bis heute als Architekturensemble, Brachfläche und weitläufiger Spielplatz noch relativ gut erhalten hat. Natürlich dank sehr engagierter Bürgerinitiativen.

Das Maison de Santé – das »Haus der Gesundheit« – war seinerzeit weit über die Grenzen Berlins hinaus zuerst als Kur- und Badeanstalt für das Großbürgertum bekannt. Doch mit seinem reformerischen Ansatz in der psychiatrischen Behandlung ließ Levinstein in den siebziger Jahren des letzten Jahrhunderts weitere Gebäude errichten, um neben den gut-

Der Kaiser-Wilhelm-Platz um 1910

situierten Patienten auch die psychisch Kranken unterbringen zu können. So entstanden nach Plänen des Architekten Max Ravoth eine Herren- und eine Damen-Beobachtungsstation, die heute noch an dem Wasserturm und an dem schlanken Schornstein des daneben gelegenen Maschinenhauses zu erkennen sind.

1919 wurde das Maison de Santé endgültig geschlossen, vielleicht nicht ganz zufällig nach dem Ersten Weltkrieg, als größere Anstalten für nötig befunden wurden. Bis weit in unser Jahrhundert hinein existierten noch an der Hauptstraße 14–16 Vorgärten. Heute versucht ein offenbar humoristisch veranlagter Türke dort eine Tomatenstaude an einem Baum hochzuziehen.

Von hier fällt der Blick hinüber auf den eher als Verkehrsinsel vor sich hindämmernden Kaiser-Wilhelm-Platz. Nur hartgesottene Zeitgenossen verweilen hier beim mitgebrachten Korn und Bier. Das Terrain um den Platz ist seit der

Eröffnung der Kaiser-Wilhelm-Passage in den achtziger Jahren zum beliebten Einkaufszentrum geworden. Über die Spiegelfassade der Straßenfront läßt sich streiten, jedenfalls wurde der mit vielen Geschäften vollgestopfte Durchgang so gut angenommen, daß ein findiger Eigentümer gleich noch eine Passage von der Akazien- zur Hauptstraße durchbrechen ließ, die seit ihrer Fertigstellung 1996 so gut wie leer steht. Weiter die Hauptstraße hinauf nähert man sich dem historischen Kern Schönebergs.

Historischer Exkurs:
Alt-Schöneberg

Stellt man sich auf den grünen Mittelstreifen der Hauptstraße zwischen Eisenacher und Dominicusstraße, so befindet man sich sozusagen mitten auf dem Dorfanger oder der Aue vom alten Schöneberg. Ungefähr dort wurden auch die ältesten Spuren früherer Besiedlungen aus dem 1.–3. Jahrhundert gefunden. Frühestes Zeugnis ist eine Schenkungsurkunde des Markgrafen Otto III. aus dem Jahr 1264 an die Benediktinerinnen aus Spandau, wo von einer »Villa Sconenberch« die Rede ist. Mehrfach wechselte dieses Sconenberch seine Besitzer, und mehrfach wurde es auch zerstört. 1506 unterstellte Kurfürst Joachim I. das bäuerliche Dorf dem Amt Mühlendorf. Nördlich des Angerdorfes ließ Friedrich der Große 1751 eine protestantisch-böhmische Koloniesiedlung zu, die seit 1801 Neu-Schöneberg hieß. Das alte Dorf wurde allerdings im Siebenjährigen Krieg 1760 niedergebrannt, so daß bis auf die Dorfkirche, die vom Mittelstreifen aus leicht zu erkennen ist, nichts mehr von der dörflichen Bebauung übrig blieb. Die Bauern Schönebergs erhielten 1770 ihre Höfe und Ländereien als erbliches Eigentum und waren somit die ersten unabhängigen preußischen Bauern.

Die heutige Hauptstraße und Potsdamer Straße wurde zu einer wichtigen Handelsstraße von Sachsen nach Berlin. Zwischen Berlin und Potsdam ist sie von Carl Gotthard Langhans 1791–1793 (Brandenburger Tor u.a.) als kunstvoll drapierte und vor allem als gepflasterte Straße angelegt worden. Kein Wunder, daß die Grundstücke am Weg zwischen Sans-

Eine der Villen eines »Millionenbauern« an der Hauptstraße

souci und dem Berliner Schloß oder auch von Sachsen nach Berlin und Brandenburg immer wertvoller wurden, obschon die Äcker und Weiden hier nicht viel hergaben. Zu sandig und zu trocken war der Erdboden, was gerade mal für Kohl, Rüben und Kartoffeln reichte. Die Nachkommen dieser Bauern wurden später jedoch durch geschickte Gebietsverkäufe an die Eisenbahngesellschaften und andere Unternehmungen zu jenen sprichwörtlich gewordenen »Millionenbauern«, also wohlhabenden Bürgern, die sich längs des Dorfangers ihre Villen errichten ließen, von denen einige heute noch zu sehen sind. Vom Zugang zum Lassenpark und zur Stadtbücherei kommend, einmal zur Dorfkirche und zum ältesten Schöneberger Gottesacker hin und auf der anderen Seite, am langsam verwahrlosenden »Prälaten« vorbei, wieder zurück, kann man an diesen Villen, allesamt etwa hundert Jahre alt, entlangschlendern. Vielfältig ist die heutige Nutzung der gut

Die alte Dorfkirche an der Hauptstraße

erhaltenen Gebäude, deren Erker und Balkone reich verziert und behutsam restauriert wurden. Das Schöneberg-Archiv mit dem Jugendmuseum liegt da gleich neben der Polizei-Meldestelle, bevor es zur Dorfkirche geht. Die rückwärtigen Gärten der »Millionenbauern«, die es nicht mehr nötig hatten, den Boden mühselig zu beackern, sind in den fünfziger Jahren zum schon erwähnten Lassen-Park zusammengelegt worden. Das von Stadtbaurat Heinrich Lassen 1930 im Stil der Neuen Sachlichkeit erbaute Stadtbad erfährt nun schon seit etlichen Jahren eine grundlegende Sanierung, die sicher noch einige Jahre in Anspruch nehmen wird.

1874 kam es amtlicherseits zum Zusammenschluß von Alt- und Neuschöneberg, die bis dahin selbständige Gemeinden waren. Die Bevölkerung wuchs von da an bis 1898 geradezu rasant von 7500 auf 75.000 Einwohner: logische Folge war der Erhalt der Stadtrechte für Schöneberg im selben Jahr. Durch das Aufgehen in Groß-Berlin und die Eingemeindung der Landgemeinde Friedenau (1920) wuchs die Bevölkerung auf 175.000 Personen, 1938 gab es noch einen räumlichen Zugewinn vom Bezirk Tiergarten, daher auch die Unsicherheiten in vielen Publikationen, wo denn eigentlich die Grenze zwischen Schöneberg und Tiergarten zu ziehen wäre.

Die Dorfkirche hinter den Villen der »Millionenbauern« erhebt sich ein gutes Stück über dem heutigen Straßenniveau, doch genau diese Höhe gibt kurioserweise die topographische Lage des seinerzeit hier befindlichen Schöneberger Dorfzentrums an. 1764 bis 1766 wurde diese evangelische Kirche nach Plänen von Johann Friedrich Lehmann erbaut. Die äußere Gestalt ist nach den letzten Kriegsschäden im friderizianischen Stil mit einem Westturm und der östlichen Sakristei gewissermaßen original wiederhergestellt worden; die umlaufenden Inschriften, Wappen und Epitaphe verdienten die Aufmerksamkeit eines Wanderers wie Theodor Fontane. Die nahegelegene evangelische Paul-Gerhardt-Kirche und die katholische St. Norbert-Kirche – beide 1962 in moderner Bauweise konstruiert bzw. umgebaut – ergeben zusammen mit der alten Dorfkirche die »Kircheninsel«. Besonders von der belebten Kreuzung aus wird der Kontrast zwischen den Jahrhunderten und ihren Baustilen deutlich. Von hier oben fällt der Blick auf das Kino »Odeon«, das zwar von außen nicht gerade einladend aussieht, aber immerhin das bestechende Interieur einer glanzvollen Kinozeit vorzuweisen hat.

Als Willy Brandt vor wenigen Jahren gestorben war – den »Fall« der Mauer durfte er noch als späten Triumph seiner beharrlichen Politik genießen und kommentieren –, da wurde er im Rathaus Schöneberg aufgebahrt, und die »lieben Mitbürrgerrinnen und Mitbürrgerr«, wie er sie gleichzeitig schnarrend und nuschelnd nannte, erwiesen ihm am 16. Oktober 1992 in einem friedvollen Defilee die letzte Ehre. Seit Ernst Reuters Tod (1953) hatte es auf dem Platz vor dem Rathaus keine größere Menschenmenge mehr gegeben, nur John F. Kennedy lockte wohl noch mehr Leute an. Vielfach schlängelte sich die nachmittäglich stetig anwachsende Menschenschlange allein schon auf dem John-F.-Kennedy-Platz, um dann erst in der Freiherr-vom-Stein-Straße weitläufig zu enden. Drei Stunden etwa rückten die Mitbürgerinnen und Mitbürger paarweise oder einzeln vor, und unter ihnen weilte geduldig Schritt für Schritt setzend Hans-Jochen Vogel, während sich die anderen Politiker einen Sonderstatus anmaßten und vordrängelten.

Über die architektonische Ausstrahlung dieses 1911–1914 von Peter Jürgensen und Jürgen Bachmann zu verantwortenden Zweckbaues kann man geteilter Meinung sein, über die historische Bedeutung des Schöneberger Rathauses nicht. Seitdem Schöneberg am 1. April 1898 die Stadtrechte erhalten hat, dachte man unter dem ersten Bürgermeister Rudolph Wilde über den Standort und die Gestaltung eines neuen Rathauses nach. 1911 legte Wildes Nachfolger Alexander Dominicus den Grundstein, nachdem der alte Mühlenberg abgetragen und das Armenhaus, eine Desinfektionsanstalt, die Straßenreinigung und die Stadtgärtnerei verlegt worden waren. Wer einmal das ganze Gebäude mitsamt seinen späte-

Turm des Rathauses Schöneberg

ren Erweiterungsbauten umrundet, der kann sich ungefähr vorstellen, was hier alles diesem gigantischem Bau weichen mußte, der im Architekturführer »Dehio« folgendermaßen beschrieben ist: *Freistehender mächtiger Block, von Mittelturm dominiert. Schlichte barockisierende Formen am Außenbau. Im Inneren große quergelagerte, doppelgeschossige Halle mit breiten Treppenaufgängen an den Schmalseiten.* Eine freie und sehr empfehlenswerte Aussicht verschafft sich, wer den Glockenturm mit der berühmten Freiheitsglocke erklimmt. Diese Freiheitsglocke, die täglich um 12 Uhr erklingt, wurde den Berlinern vom amerikanischen Volk geschenkt und am 24. Oktober 1950 eingeweiht, nachdem die Kriegsschäden des Turmes und des Rathauses notdürftig beseitigt worden waren. Die Glocke selbst ist ein Nachbau der »Liberty Bell« in Philadelphia und wurde durch 26 Staaten der USA transportiert, wobei 16 Millionen Amerikaner für den Guß der Glocke spendeten. Dies nur, um die Verbundenheit der Berliner Bevölkerung mit den sogenannten »Amis« zu verdeutlichen.

Ein Höhepunkt dieser Freundschaft war der Besuch des amerikanischen Präsidenten und seine Ich-bin-ein-Berliner-Rede am 26. Juni 1963 vor 400.000 Berlinern vom Balkon des Schöneberger Rathauses, das seit 1949 Sitz des Abgeordnetenhauses war, kurzum das Rathaus vom Westteil der Stadt Berlin wurde. Nach der Ermordung Kennedys schon im November desselben Jahres wurde der Platz vor dem Rathaus in John-F.-Kennedy-Platz umbenannt, und als alter Namenspatron mußte Rudolph Wilde zum nahegelegenen Parkgelände weichen. (Als Piefkes stritten wir uns damals um die schönen blauen Kennedy-Briefmarken, und selten sahen wir die Erwachsenen so erschüttert und ratlos wie nach der Ermordung Kennedys, ein Hoffnungsträger nach Krieg, Wiederaufbau, Berlin-Blockade und Mauerbau.) Nach der Maueröffnung zogen der Senat und der Regierende Bürgermeister in das Rote Rathaus in Berlin Mitte um. Erlebenswert ist der zweimal wöchentlich auf dem Platz abgehaltene Wochenmarkt, sehenswert ist als Dauereinrichtung eine Ausstellung über Leben und Werk Willy Brandts im Erdgeschoß des Rathauses.

Ganz in der Nähe kann man das Schöneberger Wappentier, den goldenen Hirsch, im Rudolph-Wilde-Park bewundern. August Gaul schuf ihn 1912 für den Fontänenbrunnen. Der Rudolph-Wilde-Park, der in den Volkspark von Wilmersdorf übergeht, war ursprünglich ein mooriger Graben, ein Urstromtal. Der U-Bahnhof, der hier gebaut wurde, konnte kaum tiefer gelegt werden, und so entstand architektonisch die einmalige Gelegenheit, einen Untergrundbahnhof auch mit der Streckenführung nach außen zu legen, was hier besonders eindrucksvoll gelungen ist. Als Passagier gerät man unvermutet ins Freie und sieht durch die Säulen die Parkanlagen auf beiden Seiten und zuweilen auch eine Wasserfontäne, bevor man wieder im Dunkeln verschwindet.

Auch oben, auf der Gerhart-Hauptmann-Brücke, kann man einige mythologische Sandsteinfiguren im trauten Miteinander entdecken. Der Abstecher zum ehemaligen RIAS-Gebäude – heute DeutschlandRadio Berlin – ist nicht unbedingt lohnenswert, wenn man dort nicht tätig ist. Wichtig war dieser Sender (Rundfunk im amerikanischen Sektor bedeutet das Kürzel) für die menschliche Verbindung zwischen Ost und West, weshalb die DDR-Administration dem RIAS oft besonders klassenkämpferische Haßtiraden entgegenbrachte. Eine legendäre Figur kam aus diesem Funkhaus und wurde auch im Fernsehen zu einem der beliebtesten Quiz-Moderatoren: der quirlige Hans Rosenthal, nach dem dann auch der Platz vor dem Rundfunkhaus benannt wurde. Die andere große Figur des Hauses – ebenfalls schon verstorben – war der Theaterkritiker Friedrich Luft, eine gefürchtete Institution, der keine Premiere verpaßte, auch wenn seine Ansichten gegenüber dem avantgardistischen Theater manchmal etwas ignorant waren. Dieser Mann war als Pendant zu Hans Rosenthal ein Koloß, und was dem einen seine »Luftsprünge«, war dem »Hänschen« sein Hüpfer, wenn er »Spitze« rief.

Ein Gang durch das Bayerische Viertel zum Bayerischen Platz kann gemütlich sein, eine betuliche Wohngegend mit viel Grün, wenigen Läden, ab und zu einem Spielplatz. Sternförmig führen die Straßen mit den Namen bayerischer oder – südlicher gelegen – südtiroler und österreichischer Städte auf den Bayerischen Platz zu. Meran, Bozen, Innsbruck, Salzburg, Aschaffenburg, Landshut, Regensburg, Rosenheim. Der Platz selbst mit dem Bayerischen Löwen auf Stelzen, das

Maul weit aufgerissen, ist eine gartenähnliche Anlage, in der viele alte Frauen und nicht ganz so viele Biertrinker ihre Zeit verbringen.

Ein Gang durch dieses Viertel ist auch beeindruckende Erinnerung an die jüngste deutsche Geschichte, denn an etlichen Laternenpfählen sind gut les- und sichtbare Schilder angebracht, die auf der einen Seite eine piktogrammatische Abbildung wie aus einem Schulbuch zeigen, auf der anderen Seite indes beschriftet sind: »Jüdische Beamte werden aus dem Staatsdienst entlassen. 7.4.1933«, »Juden werden aus Sport- und Turnvereinen ausgeschlossen. 25.4.1933«, »Jüdischen Schriftstellern wird jede schriftstellerische oder literarische Tätigkeit in Deutschland untersagt. März 1935«, »Jüdische Kinder dürfen keine öffentlichen Schulen mehr besuchen. 15.11.1938«.

Achtzig Schilder mit den absurdesten Gesetzestexten aus der NS-Zeit, die sich auf die Ausgrenzung und Vertreibung als Vorstufe zur Vernichtung der jüdischen Mitbürger beziehen, haben die Künstler Renata Sih und Frieder Schnock rund um den Bayerischen Platz installiert. Seit 1993 hängen sie dort. Diese Tafeln verschwinden manchmal vor der bunten Reklame der Geschäfte direkt am Platz. Sie erschlagen nicht, sie erinnern, sie informieren, sie mahnen. Gleichzeitig appellieren sie an das Gedächtnis der Leute, denn diese Gesetzestexte waren damals öffentlich, sie wurden – auf andere Weise – jedermann durch Rundfunk und Presse und sonstige Propaganda bekannt gemacht.

In der Münchener Straße 37 stand eine 1909 von Max Fraenkel erbaute Synagoge, die zwar während der Novemberpogrome 1938 kaum zerstört wurde, da die anliegenden Häuser zu dicht standen, dann aber 1956 der Bauplanung zum Opfer fiel. Diese Synagoge wurde der Sammelpunkt für die Deportationen in die Vernichtungslager. Seit 1963 steht hier einen Gedenkstein. In Schöneberg gibt es ansonsten kaum etwas, was an die jüdischen Bürger und ihre Einrichtungen erinnern könnte, lediglich am Wittenbergplatz und am Kai-

Der Bayerische Löwe vom Bayerischen Platz

Der Arzt und Dichter Gottfried Benn
in seiner Schöneberger Wohnung

ser-Wilhelm-Platz stehen große Mahntafeln, auf denen die
Konzentrationslager kommentarlos aufgezählt sind.

Das Bayerische Viertel galt schon immer als eine gute und
ruhige Wohngegend, und zum Kudamm ist es nicht weit.
Viele Künstler und Schriftsteller haben deshalb gern hier gewohnt. Einer von ihnen war der Dichter und Schriftsteller
Gottfried Benn, der sich zwar für die »Ideen« des Nationalso-
zialismus eine Zeitlang begeistert eingesetzt hat, bevor er
seinen Irrtum erkannte, aber niemals antisemitische Äuße-
rungen von sich gegeben hat. Vom Belle-Alliance-Platz in
Kreuzberg verlegte er seine Wohnung und Praxis nach

Im Erdgeschoß der Bozener Straße 20 wohnte Gottfried Benn

Schöneberg. *Ich habe jetzt eine eigene Wohnung genommen und bin dabei, sie in Ordnung zu bringen: Bozener Str. 20, dicht am Bayerischen Platz. Werde aber erst Mitte Januar in der Lage sein, Großfürsten und senatorähnliche Gestalten in ihr zu begrüßen,* schrieb Benn in aufgeräumter Stimmung an seinen Freund und Gönner F.W. Oelze Ende 1937. Der Grund für seine gute Laune geht aus der kurz darauf folgenden Heiratsanzeige und einem Brief an Oelze hervor, in dem Benn die 21 Jahre jüngere Herta von Wedemeyer wie eine Haushaltshilfe vorstellt, als einen *Pagen, der mancherlei Talente hat, vor allem Schreibmaschine schreiben kann, nähen, kochen, arbeiten ...*

   In der Schöneberger Parterrewohnung (rechts) wohnte und praktizierte Benn, nur durch den Kriegsdienst in Landsberg an der Warthe unterbrochen, bis zu seinem Tod am 7. Juli 1956. Aus Angst vor den Russen, die Berlin besetzt hatten,

41

flüchtete seine Frau aus der Wohnung aufs Land und nahm sich das Leben. Zwar berichtete Benn von neun Bombentreffern auf dem Bayerischen Platz, doch ist das Viertel von einer völligen Zerstörung verschont geblieben. Hier, mit Blick auf den tristen Hinterhof, wo *eine letzte Hortensie und ein leerer Kaninchenstall ihrerseits die Identität mit der Zeit zum Ausdruck bringen*, entsteht das Spätwerk, zwischen medizinischer Praxis und den abendlichen Bierchen in der nächsten Eckkneipe, deren Ambiente auch heute noch den gemütvollen Charme einer überlebten Epoche ausstrahlt. Um nicht nur mit dem Dienstmädchen alltäglichen Umgang zu pflegen, heiratete Benn Frau Dr. Ilse Kaul im Winter 1947/48. Gemeinsam unterhielten sie eine Praxis im Haus, unter strengem Regiment, wie Frau Benn sich erinnert: *Keine lauten Gespräche im Flur.* So ganz allein mit sich hat es Gottfried Benn nicht ausgehalten: *Ich stehe mir nicht mehr nahe und kann mich gar nicht mehr an mich in meiner jetzigen Existenzform gewöhnen.* Vor Benns ehemaliger Haus- und Wohnungstür ist etwas von dieser ambivalenten Tristesse spürbar geblieben.

Um von hier zu den Ceciliengärten zu kommen, muß man notgedrungen den Innsbrucker Platz überqueren, der von verschiedenen Verkehrswegen zerschnitten wird und somit als Platz für Passanten und Flaneure eher abschreckend wirkt. Die Stadtautobahn zum kleeblättrig geformten Autobahnkreuz Schöneberg tangiert den Platz ebenso dominierend wie die S-Bahn. Der Güterbahnhof Wilmersdorf trennt Schöneberg von Friedenau durch eine breite Schneise. Die gärtnerischen Bemühungen, einen Übergang vom Innsbrucker Platz zur Siedlung Cecilienhof zu schaffen, wirken etwas zu bemüht. Heinrich Lassen hat als Architekt 1924–1928 im Auftrag einer gemeinnützigen Straßenbahngesellschaft eine Beamtensiedlung zwischen Hauptstraße und Rubensstraße erbauen lassen.

Zentraler Ort dieser größtenteils drei- bis fünfgeschossigen Siedlung mit expressionistischen Bauelementen und anheimelnden Torbögen mit Trutzburgcharakter ist ein ovales

Grenze zu Friedenau: die Ceciliengärten mit Skulpturen
von Georg Kolbe

Parkgelände mit Spielplatz, einem Fuchsbrunnen und zwei sehenswerten Skulpturen von Georg Kolbe, »Der Morgen« und »Der Abend«. Diese Siedlung strahlt in ihrer Abgeschlossenheit eine gewisse Ruhe aus, die irgendwie amtlich verordnet wirkt, denn hierher kommen selten Leute aus anderen Stadtgebieten, es ist reines Wohn- und Schlafgebiet. Vielleicht kommt es einem auch nur so vor, wenn man aus den belebten Straßen und Vierteln Schönebergs in die scheinbare Idylle des Feier- und Lebensabends gelangt. Sucht man ein Café oder Restaurant, sollte man zum nahegelegenen S-Bahnhof Friedenau gehen.

Friedenau

Wie eine Stadt wächst und wuchert, und wie aus einer Kolonie ein eigener Stadtteil wird und durch den Wert der Grundstücke und der darauf gebauten Villen und Herrenhäuser sich nicht nur die Infra-, sondern auch die Bevölkerungsstruktur ändert, hat wohl niemand so eindrücklich beschrieben wie Georg Hermann in seinem Roman »Kubinke« von 1910. Seine Schilderung hat den überzeugenden Vorteil, daß sie vom Verfasser persönlich erlebt und erlitten worden war: *Ja, wie das so wurde! Da wurde eines schönen Tages Sand gefahren; da wurden eines schönen Tages Straßen gezogen; da kamen eines schönen Tages Rammen und Dampfwalzen; da wurden Bäume gefällt; die Felder verkamen, versandeten und wurden aufgeschüttet; Laubenkolonien kamen und wuchsen hoch, wurden wieder fortgebrochen, rückten weiter und weiter hinaus. An der einen Ecke kam ein Haus empor, dann an der anderen Ecke. Halb fertig ließ man es stehen. Prozesse wurden geführt, Gerichte behelligt, Urkunden geschrieben, Geld geliehen, Geld gewonnen, Geld verloren. Und wo noch vor kurzem bunte Knabenkräuter im Maiwind ihre Blüten gewiegt hatten, da trieb jetzt nur noch die Bauspekulation und der Häuserschwindel seine Blüten. Pferde wurden geschunden; Arbeiter um ihren Lohn gebracht; Handwerker betrogen. Die Häuser gingen von Hand zu Hand, wechselten dreimal den Besitzer, ehe sie fertig wurden. Trockenmieter kamen und unterschrieben Kontrakte mit Mietsummen, die sie nie in ihrem Leben beieinander gesehen hatten und sehen würden. Wo heute ein Käsegeschäft war, war morgen ein Schuhgeschäft; und übermorgen standen elektri-*

Georg Hermann im Jahre 1908

sche Lampen im Fenster. Nur die Destillationen blieben, die Re-
staurants »Zum gemütlichen Schlesier«; und sie blieben so lange,
bis auch die letzte Lücke in der Straße, der letzte öde Bauplatz
geschwunden war, bis die Ziegelhaufen nicht mehr auf dem Bürger-
steig standen, die Zementwagen nicht mehr vor den Bauzäunen
hielten, die Kräne nicht mehr schnarrend ihre Lasten hoben und
alles neu, sauber und propper war. Dann aber hielt sie keine Macht
der Welt mehr, und sie zogen den Laubenkolonien nach, zwar nicht
ganz so weit wie sie, nur bis zum halben Weg; sie machten es
gerade wie die Straßenbahnen, die auch von Jahr zu Jahr ihr letztes
Ziel weiter hinausschoben, von alten, sicheren Plätzen immer wie-
der zu neuen, unwirtlichen, werdenden, halbfertigen Häuserblocks.

Georg Hermann beschreibt hier schon den Bau der hochherrschaftlichen Mietshäuser an der Rheinstraße, die Ver-
längerung der Hauptstraße vom Innsbrucker Platz und der
Bundesallee (damals Kaiserallee), die zur Rheinstraße am
heutigen Walther-Schreiber-Platz führt. Seit der Jahrhundertwende wurden in Friedenau keine Villen mehr gebaut, sondern nur noch vier- bis fünfstöckige Mietshäuser.

1871 wurde der »Landerwerb- und Bauverein auf Actien«
gegründet, und auf dem ehemaligen Rittergut Deutsch-
Wilmersdorf wurde die Villenkolonie Friedenau ins Leben
gerufen. Der Hamburger Kaufmann und Großgrundbesitzer
Carstenn hatte das Gebiet 1865 erworben, und nach seinem
Siedlungs- und Bebauungsplan wurde die Villenkolonie dann
auch langsam errichtet, zuerst nur südöstlich des Friedrich-
Wilhelm-Platzes. Die Landhäuser und Villen aus dieser Grün-
dungsphase kann man noch in der Niedstraße, der Albe- und
der Handjerystraße sehen, kleine, meist einstöckige Häuser
mit einem ausgebauten Dachgeschoß und einem sehr kleinen
Garten. Damals ging der Streit der Bauherren darum, wer
sein Haus als Ziegelrohbau beließ oder wer es verputzte.
Georg Hermann deutet die Grundstücksspekulationen und
die rechtlichen Streitereien an, denn der Bauverein ging in
Konkurs, und dadurch stoppte erst einmal die rasante Entwicklung. 1874 zählte Friedenau 1104 Einwohner, verteilt auf

etwa achtzig Villen oder Landhäuser und 258 Haushalte. Bis zur Jahrhundertwende blieb die westliche Hälfte Friedenaus so gut wie unbebaut, was sich im ersten Jahrzehnt unseres Jahrhunderts dann gründlich änderte. Die öffentlichen Bauten Friedenaus waren allesamt noch vor dem Ersten Weltkrieg fertiggestellt, der Grundstein für das Rathaus wurde 1913 gelegt. Erst im Jahr 1920 wurden Schöneberg und Friedenau zusammengelegt, doch heute noch meinen viele Leute, Friedenau würde entweder zu Wilmersdorf oder zu Steglitz gehören. Sogar auf den heutigen Stadtplänen erkennt man noch sehr gut die ursprüngliche Siedlungsstruktur Friedenaus. Vom Friedrich-Wilhelm-Platz gehen strahlenförmig die Straßen in alle Himmelsrichtungen auseinander, ein ellipsenförmiger Ring mit weiteren Plätzen legt sich um den Platz und wird südöstlich diagonal einmal von der Rheinstraße und dann von der S-Bahn-Linie begrenzt. Darüber hinaus liegen unter anderem die oben schon beschriebenen Ceciliengärten. Ein Rundgang beginnt am Friedrich-Wilhelm-Platz, der auch eine U-Bahnstation hat.

Große Teile von Friedenau, sieht man einmal von dem Trubel und Verkehrsstrom auf Rheinstraße und Bundesallee ab, scheinen einem mehr als hundertjährigen Dornröschenschlaf erlegen zu sein. Wer selbst wochentags durch diese Straßen streift, der kann sich gar nicht satt sehen an den schönen Villen und Landhäusern mit ihren vielen Details, Stuckornamenten, barockisierenden Figuren, am Fachwerkgemäuer, dem gußeisernen Geschmeide, an den Gärten und Balkonen, den verwinkelten Dächern und Giebeln, den versteckten Terrassen und Erkern. Fragt man geborene oder gelernte Berliner nach ihrem Wunschwohnort, steht, soweit überhaupt bekannt, Friedenau fast immer an erster Stelle, offenbar aber erst ab einem gewissen Alter und einem gewissen Bildungsgrad. Es lockt doch besonders die aus Westdeutschland zugezogenen Bildungsbürger, Intellektuellen, Akademiker und mehr oder weniger hochqualifizierte Berufsgruppen in eine Art Idylle, die allerdings nicht weit von

Schnurgerade Reminiszenzen: die Kirche Zum Guten Hirten in der Kaiserallee (heute Bundesallee) am Friedrich-Wilhelm-Platz den Verlockungen der babylonischen und kulturellen Zentren der großstädtischen Bezirke entfernt sein darf. Schon den Dr. Herzfeld aus Georg Hermanns Roman »Die Nacht des Dr. Herzfeld« zog es von hier zu Fuß in Richtung Zoo, Kudamm und anliegende Vergnügungsetablissements. Doch heute haben alle Leute ganz selbstverständlich ein Auto, berufstätige Ehepaare verfügen über zwei oder mehr, und so gibt es allmorgentlich und allabendlich in den kleinen idyllischen Straßen ein Suchen und Drängen, ein Hauen und Stechen um die wenigen Parkplätze. So schmal sind die meisten Straßen, wenn links und rechts schon alles zugeparkt ist, daß zwei Wagen kaum oder gar nicht aneinander vorbeifahren können. So fällt doch ein Schatten auf das vermeintliche Paradies in der modernen Großstadt, denn eine zivilisierte Idylle ist vielleicht ein Widerspruch in sich. Gleichwie, diese Gegend wurde seit jeher von Künstlern, Schriftstellern, Musikern, Politikern und Wissenschaftlern gern als Wohnort genutzt. Hat man sich erst mal die Sturm- und Drang-Hörner in Kreuzberg und andernorts abgestoßen und die ersten Lorbeeren oder Stipendien ergattert, dann mag manch einer sich schon in jungen Jahren nach Ruhe und Abgeschiedenheit sehnen, mal hier ein bißchen ausspannen und arbeiten, mal da ein bißchen sich amüsieren und Kontakte pflegen, am besten in der nächsten Eckkneipe unter Gleichgesinnten. »Soff« man damals – in den »wilden« sechziger und siebziger Jahren – Bier und Korn »bis zum Abwinken« im nicht mehr existierenden »Bundeseck«, so süffelt man heute Prosecco und Pinot Grigio beim Edelitaliener; ein Hauch von Münchner »Rossini« weht durch manches – allseits bekannte, aber nicht für jedermann erschwingliche – Insider-Restaurant.

Der Friedrich-Wilhelm-Platz wird von der 1891–1894 von Carl Doflein erbauten Evangelischen Kirche zum Guten Hirten beherrscht, ein ziemlich gigantischer neugotischer Ziegelbau mit weitaufragendem Turm. Der älteste Teil Friedenaus liegt im östlichen Bereich um die Niedstraße herum. Erich Kästner hatte hier einmal eine Zweitwohnung (Nr. 5), wesentlich länger wohnte Günter Grass in der Niedstraße, bis vor wenigen Jahren in dem etwas kleineren Haus Nr. 13. In seinem Bericht »Aus dem Tagebuch einer Schnecke« rapportiert Grass nicht nur seine Tätigkeit als Wahlkampfhelfer für Willy Brandt im Jahr 1969, sondern serviert auch einige Impressionen aus seinem Friedenauer Familienleben: *Wenn wir am Sonnabend auf unseren Friedenauer Wochenmarkt gehen, dann kaufen wir Dill und Gurken, Havelaal und Heilbutt, Birnen und Pfifferlinge, Hasenläufe und Vierländer Mastenten wo wir wollen und lustig sind. Niemand stellt uns mit nacktem Finger zur Rede.* Der Wochenmarkt befindet sich ganz am Ende der Niedstraße, direkt am Rathaus und an der Rheinstraße. Hier liegt mit der Buchhandlung Schropp auch eine der vielseitigsten Buchhandlungen für Reiseliteratur im weitesten Sinne, für Landkarten und Stadtpläne von fast allen Gegenden und Orten der Erde. Schräg gegenüber, Rheinstraße 65, dann die renommierte und traditionsreiche Nicolaische Buchhandlung, die seit 1929 hier firmiert.

Pfifferlinge sind zwar kaum noch erschwinglich, doch berüchtigt waren ja vornehmlich die Fischmenüs im Garten von Günter Grass. In diesen Friedenauer Häusern lassen sich besonders die ausgebauten Dachgeschosse als Ateliers nutzen. Im benachbarten und hochgeschossigen Mietshaus (Nr. 14) hatte der expressionistische Maler Karl Schmidt-Rottluff zeitweise sein Atelier. Genau dieses Atelier bezog der Schriftsteller Uwe Johnson kurz nach seinem »Umzug« – wie er es nannte – aus der DDR nach West-Berlin im Jahr 1959. Obwohl Johnson, ein Freund von Günter Grass, oft im Ausland war und zeitweilig auch in der Friedenauer Stierstraße (Nr. 3) wohnte, weigern sich die Vermieterinnen bis heute, eine Gedenktafel für den in England unter sehr unglücklichen Umständen verstorbenen Autor am Haus anbringen zu lassen. Uwe Johnson hatte wohl manchmal Untermieter, die nicht so ganz in die bürgerliche Idylle paßten, so zum Beispiel die »Kommune 1«, bärtige, langhaarige Kommunarden, die mit ihren freizügigen »Hippiebräuten« die freie Lie-

Niedstraße 14, rechts oben im Dachgeschoß
wohnte einmal Uwe Johnson

be und den Untergang des autoritären Abendlandes propa-
gierten.

Eine literarische Institution ist die in der Bundesallee Ecke
Kundrystraße gelegene Wolff's Bücherei, in der oft hochkarätige Lesungen stattfinden. Gegründet wurde diese Buchhandlung 1931 von Andreas Wolff, der auch die »Friedenauer
Presse« ins Leben rief, die heute von Katja Wagenbach mit
bibliophilen Kostbarkeiten erfolgreich fortgeführt wird. Wer
sich in diesem Laden nicht literarisch inspiriert fühlt, dem ist
nun auf diesem Sektor gar nicht mehr zu helfen.

Ein paar Schritte sind es nur bis in die Sarrazinstraße, wo
es neben dem von Max Trappe gebauten Landhaus (Nr. 19)
– das seit jeher burschenschaftlich teutonisiert ist – wiederum eine literarische Adresse gab. Max Frisch wohnte in den

Sarrazinstraße 8, hier wohnte zeitweise Max Frisch

siebziger Jahren mit seiner damaligen Frau Marianne in dem schönen Mietshaus Nr. 8, und auch Ernst Jandl zog es hierher. In der Erzählung »Montauk« schildert Max Frisch *wie ich im Pyjama nachts durch Friedenau gehe; keine Zeugen auf der Straße, nur Bogenlampen im Regen ...* Dennoch holt einen selbst in Friedenau die Zivilisation ein, wie Max Frisch zu berichten wußte: *Die Wohnung liegt in der Flugschneise Tempelhof; die Flugzeuge kommen niedrig, so daß es im Hinterhof dröhnt, von Westen her und starten gegen Westen; dazwischen Stille, Friedenau.* Es dürfte noch stiller geworden sein, denn Tempelhof wird weniger häufig angeflogen.

Richard Wagners Frauengestalten standen im nördlichen Teil Friedenaus Pate für so manchen Straßennamen. Über den wunderbar versteckten und beschaulichen Cosimaplatz

Friedenauer Idylle: der Torbogen zum Georg-Hermann-Garten
an der Bundesallee

gelangt man über die Evastraße zum Perelsplatz. Der vormalige Maybach- und davor Berliner Platz wurde 1961 nach dem Juristen Friedrich Justus Perels umbenannt, der als Mitglied der illegalen Bekennenden Kirche im Widerstand gegen die Nazi-Diktatur tätig war und dafür kurz vor dem Ende des Krieges hingerichtet wurde. Die Platzanlage wurde 1907 von Fritz Zahn entworfen, seitlich sieht man Berlins vielleicht schönstes Toilettenhäuschen, eine 1910 von Hans Altmann erbaute »Bedürfnisanstalt«, ein Fachwerkbau mit Schieferdach.

Friedenau wird ja gewissermaßen geteilt durch die stark befahrene und teils als Tunnel angelegte Bundesallee. Westlich der Bundesallee findet man den oben schon beschriebenen Friedhof an der Stubenrauchstraße, und am Südwestkorso stößt man in einem ehemaligen Kino auf eines der ganz wenigen Theater in Schöneberg und Friedenau, das auch noch ganz bescheiden als »Kleines Theater« daherkommt und musikalische Revuen darbietet. Das Stück »Das Küssen macht so gut wie kein Geräusch« lief hier so lange, daß fast alle Berliner und etliche Touristen es gesehen haben müßten. Hier wurden Schlager und Operettenschmonzetten aus der mehr oder weniger guten alten Zeit zu Gehör gebracht, frech und harmlos, Hans Albers läßt schön grüßen. Gleich um die Ecke, in der Stubenrauchstraße 47, wurde 1927 das Gesangsensemble der Comedian Harmonists ins Leben gerufen, was den Friedenauern sogar eine Gedenktafel wert war. Obwohl auch ihre Lieder ganz harmlos waren – »Veronika, der Lenz ist da«, »Ich wollt', ich wär' ein Huhn« etc. –, konnten die Gesangsvirtuosen nur bis 1935 für gute Laune sorgen, denn drei ihrer Mitglieder waren Juden und unterlagen dem Auftrittsverbot der Nazis.

Es lohnt sich, die ganze Stubenrauchstraße über den Schillerplatz entlang zu laufen, denn die Häuser und Vorgärten sind sehenswert. Der jüdische Schriftsteller Georg Hermann wurde in Friedenau nicht nur 1871 geboren, er ist nach seinen Lehr- und Studienjahren in Berlins Mitte wieder an die Stätte seiner frühen Kindheit gezogen. Zuerst wohnte er mit Frau und Kindern in der damaligen Kaiserallee, der heutigen Bundesallee (Nr. 108). Georg Hermann, der zu den wenigen Schriftstellern gehörte, die den Ausbruch des Ersten Weltkrieges nicht begrüßten, schrieb hier so populäre Romane wie »Jettchen Gebert« und »Henriette Jacoby«, die in der Biedermeierzeit Berlins spielten. Später zog die Familie sozusagen nach hinten raus, in die Stubenrauchstraße 6. Das Haus selbst steht nicht mehr, aber durch das imposante Gittertor gelangt man über einen Kinderspielplatz in den Georg-Hermann-Garten, der heute mehr als schattig und versteckt ist. Hier steht auf dem Gelände der heutigen Kindertagesstätte ein Gedenkstein für Georg Hermann, der 1943 mit einer seiner Töchter und einem Enkelkind ins Konzentrationslager Westerbork verschleppt wurde und später auf dem Transport nach Auschwitz gestorben ist. Georg Hermann hatte zu Friedenau ein liebevoll-distanziertes Verhältnis. Seine ironischen und melancholisch gefärbten Romane stellen die sogenannten kleinen Leute in den Mittelpunkt der Ereignisse, und nicht selten scheitern sie an den gesellschaftlichen Verhältnissen (»Kubinke«, »Die Nacht des Dr. Herzfeld«, »Schnee«). Der Roman »Der kleine Gast«, in dem die Friedenauer Idylle ausführlich beschrieben wird, ist zur Zeit leider nicht greifbar, wird aber in der sorgfältig edierten Gesamtausgabe im Verlag »Das Neue Berlin« bald wieder vorliegen.

Durch die Roennebergstraße gelangt man zur Rheinstraße und zu einem ziemlich einmaligen Bauensemble, das man in Friedenau gar nicht vermuten mag. An der Rheinstraße 44–46 gibt es einen weitläufigen Gewerbehof, der in mehreren Bauabschnitten 1897–1916 von den Architekten Paul Egeling, Waldemar Wendt, Emil Schmidt, Albert Paeseler und P. Mitnacht errichtet wurde. Am besten ist dieses Gelände von der hinteren Holsteinischen Straße zu besichtigen, denn von der Rheinstraße bekommt man optisch kaum einen Gesamteindruck. Der Kaufmann Carl Paul Goerz, der

Fabrikgelände der »Optischen Anstalt Goerz« an der Rheinstraße

schon vor dem Bau an der Rheinstraße Produktionsstätten für hochwertige optische Instrumente betrieb, ließ hier seine »Optische Anstalt C.P. Goerz« errichten, ein Musterbeispiel für eine Kombination aus Verwaltungsgebäuden und handwerklichen Betrieben. Goerz stellte Photoapparate und Objektive her, expandierte mit seinen Produkten und baute in der Rheinstraße den Betrieb mit mehreren hundert Mitarbeitern auf. Als Goerz dann auch Fernrohre herstellte, wurde er für das Militär und die kolonialen Eroberungsfeldherren interessant, nicht nur in Deutschland. Die »optische Anstalt« von Goerz war zudem wegen ihrer beispielhaften sozialen Leistungen für ihre Arbeiter und Angestellten bekannt, die der Chef höchstpersönlich und damals noch freiwillig einführte, etwa den 8-Stunden-Tag und die bezahlten Betriebsferien. 1926 übernahm die Zeiss-Ikon-AG das Werksgelände und produzierte Präzisionsgeräte auch für den militärischen Bedarf des nächsten Weltkrieges. Die den Stilarten der Renaissance und der Gotik nachempfundenen Backsteingebäude mit dem weit aufragenden Fabrikschornstein und den wunderbaren Fensterfronten und Fassadendekors geben nun Unterkunft für etliche mittelständische Betriebe, darunter auch das folkloristische Zan-Pollo-Theater, das die Tradition der italienischen »Commedia del'arte« erfolgreich fortführt.

In der Rheinstraße 58/59 findet man ein weiteres traditionsreiches Unternehmen, das fast so alt wie die Villenkolonie selbst ist. Seit fünf Generationen wird in der Familie Lorenz die Uhrmacherkunst gepflegt, und heute kann man dort nicht nur wertvolles Geschmeide bewundern, sondern ebenso die Berliner Friedensuhr neben dem Zeit-Reise-Museum betrachten. Ein fast zeitloses Ambiente auf dem geschäftigen Boulevard.

Wie ein Fels in der Brandung steht die »Kaisereiche« und hält die Wacht an der Rheinstraße. Das einstige Rondell wurde zum 82. Geburtstag Kaiser Wilhelms II. 1879 umbenannt, und das Kaiserpaar pflanzte anläßlich seiner goldenen Hochzeit dort eine Eiche. Die erste Pflanze verlor allerdings schnell ihre jungen Triebe, denn aus Protest gegen die Sozialisten-gesetze unter dem eisernen Kanzler Bismarck hatten böse Buben die deutsche Eiche so arg gezaust, daß bereits 1883 ein neuer Baum gepflanzt werden mußte. Der hält nun durch allerlei gärtnerische Hilfen und quasi kosmetische Eingriffe dem Stadtverkehr stand, der hier von der Stadtautobahn in Richtung Norden vorbeibraust.

Rosa Luxemburg war an der Eichenschändung sicherlich nicht beteiligt, denn die Mitbegründerin der KPD zog erst 1898 nach Friedenau und hätte sich als Dame an einem sol-chen Frevel sicher nicht beteiligt. Sie bewohnte, bevor sie in die Nähe der großen Berliner Mietskasernen zog, in Friede-nau zwei verschiedene Wohnungen. In dem schönen Miets-haus Wielandstraße 23 hatte sie bis 1902 gelebt, dann in der Cranachstraße 58, manchmal wurde sie allerdings damals schon inhaftiert und saß in verschiedenen Gefängnissen. In Berlin hat sich Rosa Luxemburg nie sonderlich wohl gefühlt, wie aus ihren Briefen hervorgeht. Vielleicht hat sie gerade deswegen fast unermüdlich gearbeitet, geschrieben und Vor-träge gehalten. Berlin hat ihr kein Glück gebracht, denn ge-meinsam mit ihrem Mitstreiter Karl Liebknecht wurde sie am 15. Januar 1919 von Freikorpssoldaten mißhandelt, ermordet und in den Landwehrkanal geworfen. Der jüdische Dichter Paul Celan hat sehr viel später über diesen bestialischen Mord an den beiden ein Gedicht geschrieben mit der Schlußzeile: *Der Landwehrkanal wird nicht rauschen./ Nichts/ stockt.*

Friedhöfe

»Eines Schatten Traum ist der Mensch«
(Pindar)

Wer nach treffenden Zitaten aus der Weltliteratur- und Geschichte für welchen Anlaß auch immer sucht, der wird in dem Zitatenschatz »Geflügelte Worte« von Georg Büchmann sicherlich fündig werden, ein Standardwerk, das 1864 erstmals und danach in unzähligen Auflagen (im selben Verlag wie dieses Buch) erschienen ist. Das schöne Zitat – allerdings in altgriechischen Lettern – findet man auf Georg Büchmanns Grabstein auf dem alten Kirchhof der Matthäusgemeinde an der Großgörschenstraße. Nimmt man vom S-Bahnhof Großgörschenstraße nicht den Hauptausgang, sondern bewegt sich in Richtung Langenscheidtbrücke, dann muß man sich unter der S-Bahnbrücke links halten und trifft dort auf den Eingang zum Friedhof. Der Philologe Büchmann war Patient im oben schon beschriebenen Maison de Santé, wo er seinen Zitatenschatz nach einem Unfall vervollständigen konnte. Vorher war er 23 Jahre lang Lehrer für Englisch und Französisch an der Friedrich-Werderschen Gewerbeschule. Georg Büchmann starb 1884 im Maison de Santé – ein Berliner, der seine Stadt so gut wie nie verlassen hatte und kulturell trotzdem weit über den Tellerrand hinausgeschaut hat. Einigen Menschen bedeuten eben Bücher und Sprachen mehr als mühselige (und kostspielige) Reisen um die ganze Welt.

Der Grabstein Georg Büchmanns
auf dem Alten St. Matthäus-Kirchhof

Merkwürdigerweise gehört der St.-Matthäus-Friedhof
nicht nach Schöneberg, sondern zur evangelischen St.-Mat-
thäus-Gemeinde im südlichen Tiergarten, wo auf dem Kul-
turforum zwischen der Neuen Nationalgalerie und der Phil-
harmonie als fast einziges Relikt des ehemaligen Diplomaten-
und Geheimratsviertels die St.-Matthäus-Kirche stehenge-
blieben ist. Ist man bei dem schlichten Grabstein von Georg
Büchmann angelangt, dann hat man den langgezogenen

Friedhof in Richtung Monumentenstraße schon fast durchquert. Man steigt dabei einen Hügel hinauf, von dem die gesamte Stätte gut zu überblicken ist. Nicht selten sind die Friedhöfe in Berlin derart von Gebäudezeilen und Brandmauern eingeschlossen, daß die umliegenden Häuser mit ihren Balkonen über die Gräber ragen. Bedenkt man, wie relativ bescheiden der Bezirk Schöneberg mit Grünflächen ausgestattet ist, bieten sich die Friedhöfe als grüne Oasen geradezu an. Es wird ja wohl niemand auf die Idee kommen, hier wie im Tiergarten eine Grillparty zu veranstalten. Friedhofsbesucher senken ganz von selbst die Stimme, auch wenn sie nicht in Trauer gewandet sind.

An den Begrenzungsmauern der meisten Berliner Friedhöfe sind die aufwendigsten Grabstätten angelegt worden, etwa die von dem Architekten Alfred Messel (1853–1909), welche an den vier dorischen Säulen und dem in Muschelkalk gehaltenen Putten- und Girlandenfries unter dem Giebel zu erkennen ist. Im rechten hinteren Eck findet man zwei Grabstätten, ein Mausoleum und eine Statue, die besondere Beachtung verdienen. Das dort befindliche Familien-Mausoleum ist die Gedenkstätte für einen der findigsten Berliner Unternehmer, den »Bimmel-Bolle«, bürgerlich Carl Bolle (1833–1910), der als Gründer einer Meierei seine Milchwagen durch Berlin ziehen ließ. Ganz in der Nähe steht eingerüstet unter Plastikplanen die Statue eines Trauernden mit Lyra auf dem Grab des Komponisten Xaver Scharwenka (1850–1924). Folgt man der Mauer bergab, trifft man auf das Grab eines weiteren Komponisten, Max Bruch (1838–1920), der sich auch als Dirigent einen Namen gemacht hat. Die deutsche Geschichte mit ihren wenigen Lichtgestalten und den vielen finsteren Gesellen ist auch auf diesem Areal ablesbar. Glücklicherweise liegen zwischen Heinrich von Treitschke und dem Gedenkstein für die Leitfiguren des Widerstandes vom 20. Juli 1944 die Brüder Grimm. Heinrich von Treitschke war als Historiograph des preußischen Staates der Nachfolger von Leopold von Ranke, der den berühmten Satz, Geschichte

Die Grabstelen der Dynastie Grimm

solle erzählen »wie es denn eigentlich gewesen sei«, geprägt hatte.

Das muß sich der 1896 verstorbene Treitschke nun gefallen lassen, daß er als unverbesserlicher Antisemit in die deutsche Geschichtsschreibung eingegangen ist. Treitschke hatte sich nicht auf sein eigentliches Fach beschränkt, sondern sich als Publizist und als Politiker für den preußischen Obrigkeitsstaat, für den aggressiven Erwerb von Kolonien und gegen die Juden stark gemacht. Ganz anderer Couleur waren da die Grimms, für die vier einfache Grabstelen nebeneinander stehen. Die Brüder Jakob (1785–1863) und Wilhelm Grimm (1786–1859) schrieben die allseits bekannten »Kinder- und Hausmärchen« und die »Deutschen Sagen« auf und schenkten der deutschen Sprache auch noch das umfassende »Deutsche Wörterbuch«. Sie waren liberaler Gesinnung, kritisierten einen Verfassungsbruch durch den König von Hannover,

Gedenkstein für die Attentäter des 20. Juli 1944

wurden als Mitglied des Kreises der »Göttinger Sieben« 1837 entlassen und emigrierten. Preußen nahm sie auf, und 1841 wurden sie Mitglieder der Preußischen Akademie der Wissenschaften. Die beiden anderen Grimms, Hermann (1828–1901) und Rudolf (1830–1889) waren Söhne Wilhelm Grimms.

Den Gedenkstein für Claus Graf Schenk von Stauffenberg, Ludwig Beck, Friedrich Olbricht, Albrecht Ritter Mertz von Quirnheim und Werner von Haeften könnte man leicht übersehen, denn gegen die Prachtgräber der großen Berliner Familien wirkt er bescheiden. Nachdem die »Köpfe« des 20. Juli nach dem Scheitern des Attentates verhaftet und erschossen worden waren, wurden sie an dieser Stelle begraben, doch war es nicht ihre letzte Ruhestätte. Die Leichname wurden von der SS exhumiert, verbrannt und die Asche auf den Feldern der Vorstadt verstreut.

Dieser Friedhof, auf dem noch einige Berühmtheiten aus Kultur und Wissenschaft bestattet sind – Ernst Curtius (Archäologe), Adolf Diesterweg (Schulpädagoge), David Kalisch (Gründer des satirischen »Kladderadatsch«), Rudolf Virchow und viele andere –, war mehrmals in Gefahr, wiederum durch die Nationalsozialisten, eingeebnet zu werden. Albert Speer beanspruchte für seine größenwahnsinnige Stadtplanung, die breite Schneisen durch den Stadtkörper vorsah, einen Teil des Friedhofes. 1938 wurden bereits ein Teil der Gräber eingeebnet oder auf den Süd-West-Friedhof bei Stahnsdorf verlegt, doch die endgültige Einebnung, die für 1941 vorgesehen war, rückte durch die Kriegsereignisse aus dem Blickfeld der Administration.

Der alte Friedhof der Zwölf-Apostel-Gemeinde liegt etwas versteckt, hinter einer modernen Gebäudereihe an der Kolonnenstraße. Einen weiteren Zugang gibt es an der Friedrich-Naumann-Straße, wo man neben Autoreparaturparks und industriellem Brachland kaum einen so schönen Friedhof vermuten mag. Auch hier gibt es nur wenige Erholungsflächen oder gar Parks in der Nähe, so daß es sich auf den Friedhofsbänken viele alte und ein paar junge Leute gemütlich machen, beim nachbarlichen Plausch oder zur besinnlichen Lektüre. Die breiteren Wege werden von großen Bäumen beschattet, und viele Gräber kann man nur erreichen, wenn man über den Rasen läuft und sich suchend vorantastet. Im hinteren Teil kann man einige Skulpturen betrachten, Putten, weitflügelige Engelsgestalten oder Christusfiguren, die der Ewigkeit entgegendämmern. Dieser 1864 angelegte Friedhof

birgt nicht so viele berühmte Figuren wie der »Prominenten-
friedhof« an der Großgörschenstraße, doch das mit den Berühmtheiten über die Jahrhunderte hinweg wandelt sich mit
den kulturellen Vorlieben und Gewohnheiten. Die Grabstätte
des Historienmalers Anton von Werner (1843–1915) und seiner Familie bedarf dringend einer Restaurierung, auch wenn
die seinerzeit von ihm gemalten Monumentalschinken heute
nicht mehr ganz unserem Geschmack entsprechen. Als Direktor der Hochschule für Bildende Künste vertrat er seit
1875 konservative Kunstansichten gegen jegliche Neuerung
ästhetischer Art. War er lange Zeit als lupenreiner Land-
schaftsmaler bekannt, wurde er dank seiner Gesinnung offi-
zieller Maler des preußischen Hofes. Monumentale Ölgemäl-
de wie die berühmte »Kaiserproklamation in Versailles« oder
die »Reichstagseröffnung« sind vielleicht nicht von künstleri-
scher Brisanz, sagen aber doch einiges über die Kunst- und
Geschichtsauffassung der Eliten im Kaiserreich aus.

Schon im schmalen Eingangsbereich von der Kolonnenstraße begegnet uns ein Historiker, auch ein Preuße von ech-
tem Schrot und Korn, der Historiograph Johann Gustav Droy-
sen (1808–1884), der als Mitglied der Frankfurter National-
versammlung eher der konservativen Mitte angehörte und
einen gewichtigen Einfluß auf die damalige Verfassung hatte.
Neben seinen Hauptwerken über die hellenistische Antike
war er der Historiker der preußischen Politik.

Geht man den Mittelweg geradeaus, ist wieder ein Kontrast zu entdecken. Auf der einen Seite befindet sich die
Grabplatte für den Theologen und liberalen Politiker Friedrich Naumann (1860–1919), der auch am Rande des Friedhofes gewohnt hatte und den die heutigen Liberalen als einen
ihrer Vorväter erkoren haben. Naumann trat für eine behut-
same Demokratisierung des autoritären Kaisertums ein, ohne
dieses ganz aufgeben zu wollen.

Eine skurrile Persönlichkeit war dagegen auf der anderen
Seite der Maler und Poet Friedrich Schröder-Sonnenstern
(1892–1982), der erst nach dem Zweiten Weltkrieg unendlich

Die Königin-Luise-Gedächtnis-Kirche am Zwölf-Apostel-Friedhof

viele bunte Zeichnungen mythologischen und religiösen Charakters anfertigte, mit denen er die Zivilisation hintergründig kommentierte und ad absurdum führte. Ein Berliner Original.

Preußisch wird es wieder an der rechter Hand gelegenen Mauer, wo die Gräber der von Bülows aufgereiht sind. Etwas versteckt liegt links vom Seitenweg zur Naumannstraße das reizvoll verzierte Grab von Reinhold von Begas (1831–1911), einem Schüler des Bildhauers Christian Daniel Rauch und Sproß einer preußischen Künstlerfamilie. Ganz im Gegensatz zum monumentalen Malstil Anton von Werners schuf er mit seinem bildhauerischen Werk sehr sinnliche Figuren und Gruppen, die durch ihre Gestaltung die menschliche Individualität und Gestalt betonten und nicht den heroischen Menschen. Sein im Gegensatz zu vielen kleineren Skulpturen »mächtigstes« Werk ist der Neptunbrunnen vor dem Roten Rathaus mit der Allegorisierung der damals noch preußischen Flüsse Rhein, Weichsel, Oder und Elbe. Sogar das efeuumwachsene Grab wirkt mit seinen pinienbegrenzten Pfosten, die durch hängende Ketten verbunden sind, leicht und verspielt. Neben vielen anderen Einzel- und Erbbegräbnissen sei hier nur noch auf das im eleganten Renaissancestil geformte gußeiserne Gitter an der Grabstätte Marcus hingewiesen. Karl Paul Marcus (1854–1932) war der Gründer einer weit über Berlin hinaus bekannten Firma für kunstvoll geschmiedeten Eisenguß, wovon dieses Grab ein eindrucksvolles Beispiel gibt. Das Werk lag in der Nähe des Friedhofes.

Verläßt man den Friedhof zur Naumannstraße, sieht man schon auf einem wunderbaren Platz die Königin-Luise-Gedächtnis-Kirche mit ihrer Jugendstilfassade und der neobarocken Kuppel, die 1910–1912 von dem Architekten Berger erbaut wurde. Vom Gustav-Müller-Platz gehen strahlenförmig vier kleine Straßen aus, in denen man zahlreiche Cafés und Restaurants findet.

Geht man die Stufen zu der schon beschriebenen Dorfkirche Schöneberg hinauf, wird man zuerst von einem gerüsteten Soldaten begrüßt; so klein wünschte man sich alle Kriegerdenkmäler. Der Friedhof von Alt-Schöneberg liegt mit den sehenswerten Grabstätten der »Millionenbauern« und anderer historischer Gestalten in direkter Nachbarschaft der Kirche. Nach Norden hin fällt der Hügel wieder ab, und dort liegen dann auch die jüngeren Gräber. Der Zugang zur Belziger Straße ist leider meist verschlossen. Vor der Kirche an der Hauptstraße ist ein gußeisernes Urnengrab nach Plänen von Karl Friedrich Schinkel mit goldenen Lettern erhalten. Mit ehrenvollen Aufschriften wird des Generals Friedrich Otto von Diericke gedacht. Direkt an der Kirche entdeckt man eine verwitterte Grabplatte aus dem Jahr 1718 für den königlichen Hoftapezierer Thomas Feger, wie der Inschrift zu entnehmen ist. Etwas weiter findet man schließlich die prunkvollen Mausoleen und Grabsteine der Schöneberger »Millionenbauern« unter alten Trauerbäumen, die allesamt gegen Ende des letzten Jahrhunderts errichtet wurden. Besonders auffallend ist eine aus Marmor gefertigte dorische Tempelhalle, ein von August Stüler erbautes Monument für den »Baurat und Professor der Bauakademie Berlin« Wilhelm Stier (1799–1856).

Das Rauschen der Verkehrsströme ist hier gemildert, aber es schwindet niemals ganz. Und doch ist der Aufstieg zu dieser Kirche und dem ältesten Schöneberger Friedhof wie das Überschreiten einer Schwelle zu längst vergangenen Epochen. Mit einem Panoramablick umfaßt man die gesamte Historie Schönebergs in ihrer baulichen Gestalt. Von dieser Anhöhe konnte man bis zur Jahrhundertwende und darüber hinaus den gesamten Bezirk und weite Teile Berlins überblikken.

Der Friedenauer Friedhof liegt in der Stubenrauchstraße, von den U-Bahnhöfen Friedrich-Wilhelm-Platz oder Bundesplatz auf einem beschaulichen Spaziergang angenehm zu errei-

Ruhestätte Marlene Dietrich

chen. In den letzten Jahren ist dieser Friedhof in das Blickfeld der Weltöffentlichkeit geraten, da 1992 die große Schauspielerin und Sängerin Marlene Dietrich nach langem Pariser Exil dort bestattet wurde. 1960 war sie schon einmal nach Berlin gekommen und gab hier einen Chansonabend, doch viele Berliner dankten ihr es nicht, trugen und tragen es ihr bis heute nach, daß sie für amerikanische Soldaten gesungen hatte und sich nichts dringlicher wünschte als den Niedergang der Nazis. *Ich hatte mein Vaterland aufgegeben, weil es mir*

Schande machte, hatte die Dietrich offen und ehrlich verlauten lassen, und eine Berliner Boulevard-Zeitung titelte darauf: »Bleib, wo du bist, Marlene!« So gehen enttäuschte Lieb- und Leidenschaften auseinander, andere Diseusen hatten doch sogar mit jüdischem Namen in Deutschland weiter gesungen. Doch Verehrer hat Marlene Dietrich genug, wie man an dem bescheidenen Grab erkennen kann, das seit ihrer Beerdigung im Mai 1992 so gut wie immer von Blumen bedeckt ist, vielleicht auch von so mancher Nelke aus dem Knopfloch alter, national enttäuschter Liebhaber. Der Mythos »Marlene« lebt (im Jahr 2001 darf man ihres hundertsten Geburtstags gedenken), und ihr Grab ist eine der Huldigungsstätten.

Der expressionistische Dichter Paul Zech (1881–1946) wurde auf dem Friedenauer Friedhof in einem Familiengrab bestattet. Paul Zech, nicht nur durch seine eigenen Werke bekannt, bekam 1918 den seinerzeit vielbeachteten Kleist-Preis und machte sich auch als kongenialer Biograph und Nachdichter von Arthur Rimbaud einen Namen.

Einen künstlerisch besonders gelungenen Grabstein mit aufgesetzter expressiver Figur schuf der Bildhauer Georg Kolbe für den italienischen Komponisten Ferrucio Busoni (1866–1924). Busoni hatte sich 1884 in Berlin niedergelassen, als Klaviervirtuose die Metropolen der Welt besucht und wurde hier sogar als Komponist 1920 zum Professor ernannt.

Dritter Spaziergang
Vom »Tauentzien« zur Akazienstraße

Gertrud Klaus schwört auf die Schrippen im KaDeWe, obwohl es einige Bäcker in ihrer Gegend am Tauentzien gibt, bei denen sie nicht in den sechsten Stock fahren müßte. Doch Frau Klaus geht seit über siebzig Jahren ins »Kaufhaus des Westens«, meistens in die Feinkostabteilung oder zum Wein, weil sie sich da mal eben hinsetzen kann. Frau Klaus kennt dort jedermann, und jedermann kennt Frau Klaus. Sieht sie einen Prominenten an einer der zahlreichen Spezialitätentheken »präpeln«, den sie aus einer der vielen Vorabendserien im Fernsehen kennt, dann winkt sie ihm freundlich zu wie einem alten Bekannten. Leider ist ihr Kreislauf schwach und ihr Herz ist auch nicht mehr das stärkste, trotzdem geht sie noch täglich raus, zur Kirche, ins KaDeWe und wieder zurück in den dritten Stock – ohne Fahrstuhl – ihrer Wohnung in der Nürnberger Straße. Hier gibt es sogar noch Kohleöfen. Die Studenten im Haus holen ihr die Briketts aus dem Keller und holen sie auch schon mal aus dem KaDeWe ab, wenn sie zwecks Belebung ihres Kreislaufes ein Gläschen Sekt genommen hat und mit hochrotem Kopf kaum noch auf die Beine kommt. »Die ganze Kompanie steht schief«, ruft sie einem dann entgegen, aber sie fällt nicht, sie wankt nur. Ihren »Jungs« – sie selbst hat keine Kinder – drückt sie dann schon mal fünf Mark in die Hand, ein Widerspruch ist dann zwecklos. KaDeWe und Tauentzien haben sich allerdings sehr verändert, seitdem Frau Klaus als junges Mädchen vom Rhein an die Spree kam.

Das riesige Kaufhaus im sogenannten neuen Westen wurde 1906–1907 von Johann Emil Schaudt als fünfgeschossiger Bau mitten in einem Wohngebiet errichtet, doch sollte es durch seine Fassadengestaltung ebenfalls wie ein Wohnhaus wirken. Die Innenausstattung war von jeher luxuriös und üppig gestaltet, denn von Beginn an wollte der Gründer des Kaufhauses – Adolf Jandorf – die gehobenen Ansprüche bedienen. Man dachte an die wohlhabende Bevölkerung, die sich um die Jahrhundertwende rund um die Gedächtniskirche und am Wittenbergplatz bis zum Viktoria-Luise-Platz ansiedelte. Mehrfach wurde das Warenhaus aufgestockt, 1927 von dem berühmten Kaufhausgründer Hermann Tietz übernommen, 1945 durch Bombenangriffe schwer beschädigt, ab 1950 in alter Pracht wieder aufgebaut und bis jetzt immer und immer wieder vergrößert und erweitert. Noch heute wird man am Hauptportal von einem livrierten Portier begrüßt und auch ein bißchen gemustert. Beispielhaft ist die Schaufenstergestaltung, besonders zur Weihnachtszeit. Wenn Frau Klaus hier in der Gegend von Touristen nach dem Weg gefragt wurde, dann niemals nach der Gedächtniskirche oder nach kulturellen Einrichtungen, sondern grundsätzlich immer nach dem KaDeWe. Bei der Gelegenheit präsentierte sie dann oft auch ihre Schrippen, denn im KaDeWe kann man – man glaubt es kaum – auch ganz normal einkaufen. Nun könnte man das Lob des schönen Scheins anklingen oder die hunderte Käse- und Wurstsorten Revue passieren lassen oder die Marken nennen, die die Modewelt wonnevoll zum Erbeben bringen, oder sich nochmals über unsere Konsum-, Überfluß- und Wegwerfgesellschaft mokieren, gleichwie, derlei Lob oder Tadel hat es zur Genüge gegeben, doch wer über Warenästhetik ein Wörtchen mitreden will, der sollte sich schon mal von dem gnadenlosen Blick der Damen in der Parfumabteilung prüfen lassen und dann Stockwerk für Stockwerk bis zum Parnaß der kulinarischen Genüsse hinaufschweben. Die Flucht zum benachbarten Wittenbergplatz kann man jederzeit ergreifen.

Metamorphosen eines Konsumtempels: das KaDeWe 1935

Der Wittenbergplatz, durch einen Verkehrsstrom geteilt wie fast alle Berliner Plätze, ist nicht zuletzt durch die anschließende Einkaufsstraße »Tauentzien« ein tagsüber sehr belebter und beliebter Ort. Durch die Verkehrslage sind es eigentlich zwei Plätze, die jeweils durch eine Brunnenanlage aufgelockert sind. Die Randbebauung stammt zum größten Teil aus der langen Aufbauzeit nach dem Krieg. Da hier das Zentrum Berlins war, lag 1945 kaum noch ein Stein auf dem anderen. Bis zur Urania und weit darüber hinaus sieht man fast nur Gebäude jüngeren Datums, besonders aus den sechziger und siebziger Jahren. Der Wittenbergplatz ist ein Platz für Passanten und Touristen. Die vielen Cafés laden zum Verweilen nach dem Einkauf ein, dreimal wöchentlich ist Markttag – donnerstags gibt es einen »Öko- und Naturkostmarkt«, der ebenso wie der »normale« Markt von den vielen Büroangestellten gern genutzt wird. Die Nebenstraßen sind ruhige Wohnstraßen mit prächtigen Häusern, vielen Antiquitätenläden und anderen Gelegenheiten, neben den Großkaufhäusern auch mal eine kleinere Boutique aufzusu-

Das KaDeWe 1955

chen. Die Fluktuation der Läden auf dem Tauentzien ist enorm hoch, mag das nun an den hohen Mieten oder an dem finanziell kurzen Atem der Betreiber liegen, die an solch einem besucherorientierten Standort hohe und schnelle Gewinne wittern. Der Bezirk Schöneberg geht bis zur Nürnberger Straße, die Grenze zu Charlottenburg wird zufälligerweise durch die touristisch sehr beliebte, ineinander verschlungene Ost-West-Skulptur des Künstlerehepaars Matschinsky-Denninghof markiert, Endpunkt des umstrittenen Skulpturenboulevards vom Berliner Geburtstagsjahr 1987. Der Tauentzien und mittlerweile auch der Kudamm halten die Waage zwischen Luxus und Ramsch, Mittelmaß und angestrengtem Metropolen-Glamour. Modisch und gastronomisch liegen die besten und nobelsten Boutiquen und Restaurants in den Nebenstraßen.

Mitten auf dem Wittenbergplatz steht das repräsentative Eingangsgebäude der U-Bahn, die an dieser Stelle ein Schnittpunkt verschiedener Linien von West nach Ost ist. Das Bahnhofsgebäude wurde 1902 noch vor dem KaDeWe fertiggestellt und erinnerte mit seinem Jugendstileingang ein bißchen an die Pariser Metro. Die permanent neuen Verkehrsanforderungen machten einen Umbau schon 1913 notwendig. Nun war ein kreuzförmiges Eisenfachwerkgebäude errichtet worden, und die Schalterhallen waren mit Fliesen verkleidet. Im Krieg wurde der U-Bahnhof fast vollständig zerstört und zuerst nur notdürftig wieder aufgebaut. Erst 1983 war unter denkmalpflegerischen Gesichtspunkten von dem Architekten W.-R. Borchardt das Gebäude wieder in seinen Ursprungszustand versetzt worden, etwas nostalgisch historisierend zwar, aber durchaus sehenswert. Die Innenhalle wird jetzt durch große Werbetafeln vergangener Zeiten geschmückt, Schalterhäuschen und Lampen, Fensterkreuze und Dachgestaltung zeigen eine Liebe zum verspielten Detail. Vor und nach der Arbeit oder dem Einkauf kann man in der Halle auch einen kleinen Imbiß zu sich nehmen. Die beiden Vorplätze laden mit ihren Bänken zum Ausruhen ein. Eine schnorrende Punkband mit selbstgebastelten Instrumenten gehört schon seit Jahren zum festen Bestandteil des Platzes. Verglichen mit vielen anderen Bahnhöfen Berlins ist dieses Ensemble ein Juwel, ein großstädtischer Ort für Passanten und Passagiere. Der Schriftsteller und Dramatiker Botho Strauß wohnte lange Zeit in der Keithstraße. Etliche Paare und Passanten in seinen essayistischen Betrachtungen hat er sicher auf dem angrenzenden Platz beobachtet.

Ein kleiner Abstecher zur Urania die Kleiststraße entlang sollte noch erlaubt sein, wenn auch die Randbebauung nicht unbedingt dazu einlädt. Vom Wittenbergplatz kommend, an der Büchergilde Gutenberg und am DGB-Haus vorbei, sieht man links das moderne Dorlandhaus (1964–66), auf der anderen Seite den gigantischen Phillips-Bau und zur rechten Seite hin ein IBA-Projekt von 1985, das der Architekt Hans-Peter Störl zu verantworten hat. Dieser Blockrandbau hat immerhin 158 Sozialwohnungen zu bieten, wogegen sonst diese Kreuzung kaum wohnlich zu nennen ist. Vor der Urania, einer Berliner Institution für populärwissenschaftliche

Der Wittenbergplatz mit dem 1902 fertiggestellten U-Bahnhof

Wittenbergplatz und KaDeWe im Jahre 1997

Vorträge, Filme und Ausstellungen, sieht man einen weit hinaufragenden Eisenträger, einen Bogen, und so heißt er auch: »arc«, ein Geschenk von Jacques Chirac, der damals noch Pariser Bürgermeister war, zu Berlins 750. Geburtstag. Seitdem ist der Bogen des französischen Künstlers Bernard Venet Übungsfläche für die Kunststücke von Skateboard-fahrern. Direkt daneben eine Gedenkstätte für die in den letzten Jahren im Verkehr getöteten Kinder, für jedes Kind steht ein Kreuz. Wenn einmal im Jahr, im Februar, in der Urania die Kinderfilmfestspiele stattfinden, haben die Eltern an dieser Stelle einige Fragen zu beantworten. Der Verkehr braust an dieser zentralen Kreuzung unbeeindruckt vorbei. An der Urania – den modernen Bau gab es damals natürlich noch nicht – hatte es einmal eine Nettelbeckstraße gegeben, in der zeitweise Walter Benjamin wohnte. Diese Straße ist durch Kriegseinwirkung vollständig verschwunden.

Vom Wittenbergplatz gelangt man über die Welserstraße zum Viktoria-Luise-Platz. In dieser Gegend trifft man immer wieder auf Cafés, Kneipen und Bars, in denen das vornehm-lich männliche schwule Leben zu Hause ist. Vom »Knast« ist es nicht weit zum »Knästchen«, doch auch die manchmal martialische Aufmachung in Leder und Latex sollte die bra-ven Bürger nicht erschrecken und tut es auch nicht. Schon immer gab es in dieser Gegend Bars und Clubs, in denen das Leben und die Liebe in all ihren Facetten gefeiert wurde, und zwar die ganze Nacht hindurch. Transvestiten und sadoma-sochistische Clubs, ganz normale Sexbars und künstlerisch bemühte Varietés trifft man auch heute noch an allen Ecken zwischen Marburger-, Augsburger-, Ansbacher-, Welser- und Motzstraße bis zum Nollendorfplatz. Frühsommerlich findet hier jährlich ein großes schwul-lesbisches Sommerfest statt, mit Stargästen wie Amanda Lear und Marianne Rosenberg. Gleichzeitig ist dieses Fest eine selbstbewußte Präsentation des »anderen« Lebens und gibt Informationen für die Leute, die nur mal eben gucken und auch ein bißchen lästern wol-len, nebenbei auch mentale Vorbereitung auf den immer grö-

U-Bahn-Station Viktoria-Luise-Platz

ßer werdenden Christopher-Street-Day und ein bißchen auch eine Provokation für die ewigen Spießer von nebenan. Nirgendwo sonst sieht man die Regenbogenfahne und die kleine rote Schleife der Bewegung so oft wie in diesem Areal. Seit einigen Jahren flattert die bunte Fahne zur Hochzeit der Schwulen und Lesben auch vor dem Schöneberger Rathaus, sehr zum Unmut konservativer Law-and-Order-Politiker. Das sind ritualisierte Scheingefechte, denn gleichzeitig sind die Ordnungshüter immer ganz aus dem Häuschen, wie friedlich und problemlos die Umzüge und Demos der bunten Randbewegungen ablaufen, ganz im Gegensatz zu den einfarbigen, autonom schwarzen oder eindeutig braunen Brüllparaden.

In der Welserstraße sind das Kino Arsenal und ein Teil der Stiftung Deutsche Kinemathek untergebracht. Das kleine Kino hat sicherlich das vielfältigste cineastische Kinoprogramm der ganzen Stadt. Jeder kann hier Mitglied werden und dann zu angenehmen Preisen Filme aus allen Ländern der Erde und in allen Sprachen sehen. Das Angebot mit oft drei verschiedenen Filmen am Tag ist so vielfältig, daß für jeden Geschmack etwas dabei ist, vom Avantgardefilm bis zum Publikumsrenner, den man dann hier noch mal im Original-Ton sehen und hören kann, zuweilen mit Klavierbegleitung vom mittlerweile legendären Willi Sommerfeld, der in seinem hohen Alter mit festem Blick auf das Leinwandgeschehen immer noch entschlossen in die Tasten greift.

Nach der russischen Revolution von 1917 sind viele Emigranten nach Berlin gekommen, hauptsächlich in die Gegend von Charlottenburg, Schöneberg, Tiergarten und Wilmersdorf, wenn sie es sich denn einigermaßen leisten konnten. In den zwanziger Jahren lebten annähernd 360.000 Flüchtlinge in Berlin und noch einmal so viele hatten eine Aufenthaltsgenehmigung beantragt. Fast hundert russische Verlage und Buchhandlungen entstanden im Westen Berlins und etwa 150 russische Zeitungen und Zeitschriften wurden damals gegründet. Die Dichterin Marina Zwetajewa lebte hier einige

Zeit, ebenso Boris Pasternak, Ossip Mandelstam und Andrej Bely. Für viele war es nur eine Durchgangsstation, denn Rußland blieb für sie immer Bezugspunkt und Sehnsuchtsort. Verbindungen zur deutschen Kultur und Sprache gab es nur wenige, die Russen blieben hauptsächlich unter sich in »Charlottengrad«, wie es damals hieß. Ein Russe, der länger blieb und in Berlin erst zum Schriftsteller wurde, in seinen Romanen diese Stadt sogar als Schauplatz der Handlungen wählte, war Vladimir Nabokov.

Vladimir Nabokov emigriert mit seiner großbürgerlichen Familie und trifft 1921 in Berlin ein. Sein Vater kommt am Nollendorfplatz bei einem politischen Attentat, das gar nicht ihm gilt, ums Leben. Vladimir Nabokov verdient seinen Lebensunterhalt als Lehrer für Sprachen, aber auch als Box- und Tennistrainer. Unter dem Pseudonym W. Sirin veröffentlicht er hauptsächlich in russischen Zeitschriften. 1923 lernt er die russische Jüdin Véra Slonim kennen, die seine Frau wird, und auch Sohn Dmitri wird 1933 in Berlin geboren. Erst 1937 flieht die Familie aus Deutschland vor den Nazis. Acht Romane hat Vladimir Nabokov in Berlin geschrieben, einige davon wurden seinerzeit sogar ins Deutsche übersetzt. In »Maschenka«, seinem ersten Roman von 1926, aber auch in »König, Dame, Bube« (1928) oder in »Die Gabe« (1935–1937) wird das Leben der intellektuellen Russen im Westen Berlins anschaulich beschrieben. Nabokov hat sich von jeher in seinem Werk der Verschlüsselung und Verrätselung als literarischer Methode bedient, so daß nur wenige authentische, wiedererkennbare Orte zu entziffern sind. Dennoch wird gerade die Atmosphäre der Stadt in jenen Jahren deutlich spürbar. Nabokov, allein oder mit Frau und Sohn, hat vielfach seinen Wohnort im Westen Berlins gewechselt. Meistens liegen die Unterkünfte in Schöneberg, in der Passauer Straße, der Luitpold- und der Motzstraße. Keines der von den Nabokovs bewohnten Häuser ist erhalten geblieben. Wie distanziert, aber keineswegs ignorant Nabokov gegenüber den deutschen Verhältnissen gewesen ist, ver-

deutlicht eine Beschreibung in seinem wunderbaren Erin-
nerungsbuch »Erinnerung, sprich«, das kurz nach der Geburt
des Sohnes schließt: *Um fünf Uhr früh war ich auf dem Nach-
hauseweg von der Entbindungsklinik in der Nähe des Bayerischen
Platzes, in die ich Dich ein paar Stunden vorher gebracht hatte.
Frühlingsblumen schmückten die Porträts von Hindenburg und
Hitler im Schaufenster eines Ladens, in dem Bilderrahmen und
kolorierte Photographien verkauft wurden. In den Fliederbüschen
und Linden hielten linksorientierte Spatzengruppen laute Morgen-
versammlungen ab. Das klare Morgenlicht hatte die eine Seite der
leeren Straße völlig entblößt. Auf der anderen Seite sahen die Häuser noch blau aus vor Kälte, und verschiedene lange Schatten wurden nach und nach teleskopartig zusammengeschoben, nüchtern,
wie es die Art eines jungen Tages ist, wenn er in einer gepflegten,
reichlich bewässerten Stadt die Nacht ablöst, in einer Stadt, wo
unter den kräftigen Düften der Schattenbäume der durchdringende
Geruch geteerter Straßendecken liegt.*

Der Viktoria-Luise-Platz ist einer der schönsten Plätze Berlins. 1898/99 wurde diese gartenähnliche Parkanlage mit Kolonnaden und dem Fontänenbrunnen von dem Landschafts-
gärtner Fritz Encke errichtet. Lange Zeit blieb er nach dem
Krieg in verwahrlostem Zustand, wurde dann jedoch 1980
wieder hergestellt. Neben den vielen hochherrschaftlichen
Bürgerhäusern im Rund ist das 1902 von Alfred Messel erbaute Haus des Lette-Vereins bemerkenswert. 1866 wurde
dieser Verein zur Förderung der Ausbildung von Frauen
gegründet, heute ist er für alle zugänglich, die sich in den
Bereichen Mode, Design oder einer medizinisch-technischen
Ausbildung profilieren möchten. Junge Leute prägen tagsüber das Bild dieses ansonsten gutbürgerlichen Platzes. In
den zur Schau getragenen riesigen Mappen liegen vermutlich
die Skizzen und Entwürfe für so manch große Karriere in
Mode oder Design. Schon während der Ausbildung versucht
man sich zumindest im Outfit besonders originell und avant-
gardistisch zu geben. Die entsprechenden Cafés und Restaurants, selbstverständlich mit vielen Spiegelflächen, profitie-

Das ehemalige Hotel »Koschel«, in dem lange Zeit
Else Lasker-Schüler wohnte

ren von diesem Ambiente, verdoppeln es und haben dafür die angemessenen Preise. 1979 wurde das Gelände des Lette-Vereins mitsamt einer Mensa zur Geisbergstraße hin wesentlich erweitert. Der als Pergola angelegte U-Bahneingang auf dem Platz ist der einzige dieser 1910 angelegten Station. Auf dem Bahnsteig gibt es viele Details zu bewundern, alte Holzbänke, gekachelte Häuschen und gußeiserne Pfeiler. Der im Friedhofskapitel erwähnte Musiker und Komponist Ferrucio Busoni wohnte an diesem Platz, ebenso Billy Wilder, als er noch Reporter war und kein Regisseur.

Geht man die Motzstraße in Richtung Nollendorfplatz, kann man sich in der Nr. 38 Robert Musil vorstellen, der hier 1927 in großer Armut lebte. Die Tafel am Haus Nr. 30 würdigt den Begründer der Antroposophie Rudolf Steiner, der hier von 1903 bis 1923 wohnte. Auf der rechten Seite (Nr. 7) ist der »Sachsenhof« zu erkennen, eine literarisch hochkarätige Adresse. Die jüdische Dichterin Else Lasker-Schüler, die in Berlin – wie fast alle Schriftsteller und Künstler übrigens – ihre Wohnungen sehr häufig wechseln mußte, meist aus finanzieller Not, wohnte hier von 1924 bis zu ihrer Emigration im April 1933. Damals hieß das Hotel »Koschel«, und Else Lasker-Schüler wohnte in einem bescheidenen Hofzimmer. Von ihrem Mann, dem Arzt Berthold Lasker war sie nach kurzer Ehe 1899 geschieden worden und lebte dann in großer Armut in den Berliner Bohèmekreisen, kannte Georg Trakl, George Grosz, Franz Werfel, René Schickele und Oskar Kokoschka. Mit Gottfried Benn verband sie eine leidenschaftliche Liebesbeziehung. Den wahren Namen des Vaters von ihrem Sohn Paul gab sie allerdings nie preis, jedenfalls war es eine exotisch-romantische Liaison. Der Sohn, dem all ihre Sorgen galten, starb 1927 an Schwindsucht. Nachdem Else Lasker-Schüler von dem nazistisch infizierten Pöbel mehrfach belästigt worden war, emigrierte sie über mehrere Stationen nach Jerusalem, wo sie 1945 starb. Am Ölberg ist sie begraben. Nun wird eine Straße in Schöneberg nach ihr benannt, die Mackensenstraße, die jenseits des Nollendorf-

Else-Lasker-Schüler um 1926

platzes durch das ehemalige Kielgan-Viertel zum verträum-
ten Rondell um die Apostelkirche führt. Unmittelbar nach
dem Ersten Weltkrieg wohnten auch die Schriftsteller Walter
Hasenclever, Theodor Däubler und der Maler Oskar Kokoschka im Hotel »Koschel«. Ernst Rowohlt stieß dazu, bevor er 1919 den Rowohlt-Verlag gründete.

Ein paar Schritte weiter befindet man sich schon auf dem
Nollendorfplatz und direkt vor dem friesgeschmückten Por-

Bahnhof mit Pickelhaube: der Nollendorfplatz um 1920

tal des Metropol-Theaters. Heute ist es eine Diskothek mit Bühne für die jeweils avanciertesten Bands aus »Rock«, »House«, »HipHop« und »Techno«. Davor dümpelte dieser ehrwürdige Bau lange Zeit als Eros-Kino vor sich hin und entsprach damit der lädierten Atmosphäre des Platzes bis in die achtziger Jahre hinein.

1906 wurde das Theater von dem Architekten Albert Fröhlich gebaut, 1927 übernahm es der Regisseur Erwin Piscator, der dann ein paar Jahre sein politisch-avantgardistisches Programm mit etlichen Premieren von Ernst Toller gestalten konnte. Nach Piscators wirtschaftlicher Pleite wurde aus dem Theater ein Kino, der »Mozartsaal«. Karl Voß berichtet in seinem Berliner »Reiseführer für Literaturfreunde« von folgender Veranstaltung im Kino: *Hier sprengten protestierende Nationalsozialisten unter Führung von Arnolt Bronnen* (ein ehemals expressionistischer Dichter / der Verfasser) *im Dezember 1930 die Premiere des amerikanischen Films »Im Westen nichts Neues« nach Remarques gleichnamigen Roman, indem sie tausende*

86

Das Metropol am Nollendorfplatz

von weißen Mäusen in das Parkett laufen ließen und Stinkbomben warfen. Bei Stinkbomben blieb es bekanntlich nicht. Von außen sind die überlebensgroßen Relieffiguren sehenswert, der gesamte Gebäudekomplex mit Werkstatt und Wohnungen reicht rückwärtig bis zur Nollendorfstraße. Der ganze Nollendorfplatz war einmal mit solch imposanten Gebäuden versehen, in denen Autoren wie Ödön von Horvath, Maler wie Lesser Ury und Dirigenten wie Wilhelm Furtwängler wohnten.

Durch die Halle des 1925 erbauten U-Bahnhofes Nollendorfplatz gelangt man Richtung Tiergarten in das ehemalige Kielgan-Viertel. Der U-Bahnhof mit seinen vier verschiedenen, über- und nebeneinanderlaufenden Gleislinien war mit seiner Hochbahntrasse lange Zeit nur ein Flohmarkt, wurde aber durch die Wiedereinführung der Linie nach Pankow vor einigen Jahren wieder zu einem lichtdurchfluteten Bahnsteig umgebaut. Das vom obersten Bahnsteig gut zu überschauende und seinerzeit vornehme Kielgan-Viertel wurde nach dem wohlhabenden Gärtner Georg Friedrich Kielgan (1806–1876) benannt, der weitläufige Ländereien zwischen Lützow- und Nollendorfplatz besaß. Im Grundbuch ließ er eintragen, daß auf den Grundstücken nur Landhäuser und Villen gebaut werden durften. Natürlich sind viele davon im Krieg zerstört worden, aber in der Maienstraße, der Kurfürstenstraße und in der Ahornstraße kann man einige davon noch bewundern. In der Ahornstraße residiert in einem solchen Landhaus im oberen Stockwerk der Verlag Klaus Wagenbach.

Durch die breite Maaßenstraße – Nelly Sachs wurde im Haus Maaßenstraße 12 geboren – mit ihren vielen Cafés, Spezialitätenläden, Second-Hand-Läden und Buchhandlungen kommt man direkt auf den Winterfeldtplatz, der vor einigen Jahren auf sehr umstrittene Art radikal umgestaltet wurde. Es ist sehr ruhig um ihn geworden, seit die besetzten Häuser der Umgebung legalisiert oder geräumt und dann saniert wurden. Seiner Attraktivität hat die langweilige Platzgestaltung keinen Abbruch getan, denn die plane Fläche dient den Skateboardfahrern, den Inline-Skatern und sogar Hokkeyspielern als Übungsfläche.

Zweimal in der Woche, besonders aber am Samstag, wird der Winterfeldtplatz zum Markt und damit zum Szene-Treff von halb Berlin. Wer auf diesem Markt dann wirklich einkaufen will, sollte besser vor elf Uhr seinen Rundgang beendet haben. Wer jedoch zum Sehen und Gesehenwerden herkommt und nebenbei nur 100 Gramm eingelegte Tomaten, Terrakottatöpfe oder Modeschmuck und Blumen erstehen möchte, kommt dann gerade recht. Nach dem Frühstück erst zieht die selbsternannte Avantgarde – worin auch immer – zum »süßen« Türken, zum frech-frivolen Blumenhändler oder zum dicken Crêpes-Bäcker. Die Ware ist meist vortrefflich, manchmal etwas teuer, manchmal etwas gammelig, aber am Samstag muß eben alles ausverkauft werden, und so steigt der Lärmpegel der Marktschreier vor dem Ende der Marktzeit in ohrenbetäubende Dimensionen.

Ohne Zweifel ist dies ein wunderbarer Markt, lebendig,

Der Winterfeldtplatz um die Jahrhundertwende

schick, bunt und »multikulti« bis zur Beliebigkeit. Weltoffen gibt man sich hier und schwäbelt nicht selten wie auf der Alm. Interessant ist der Zeitpunkt, wenn alle Marktbesucher sich schon auf die umliegenden Cafés am Platze und in der Goltzstraße verstreut haben. Dann kann man das Abräumen der Stände und die Säuberung des Platzes noch Stunden nach dem letzten Kauf betrachten. Was da alles an Obst und Gemüse weggeworfen und zusammengekehrt wird!

In den nahegelegenen Straßen, in die Winterfeldtstraße hinein und Nollendorfstraße wieder zurück, findet man die meisten Antiquariate der Stadt und in der umliegenden Gegend etliche Antiquitätenhändler. Überhaupt eignen sich die Straßenzüge zwischen dem Nolldendorfplatz bis zur Hauptstraße und etwas darüber hinaus zum Flanieren und Bummeln, zum Ausgehen und Feiern bis in den Morgen hinein. Restaurants aller Kategorien findet man hier, alternative Läden, Buchhandlungen und Boutiquen, für jeden Geschmack und Geldbeutel etwas. Es wäre ungerecht, eine der Straßen besonders hervorzuheben, doch wer – wie viele Berlin-Reiseführer – meint, hinter der Goltzstraße gäbe es nichts mehr zu entdecken, der irrt gewaltig.

Der Abschluß dieses Spaziergangs soll gleichzeitig eine persönliche Empfehlung sein. Über die stark befahrene Grunewaldstraße hinaus gelangt man erst einmal auf den Platz um die Apostel-Paulus-Kirche mit der 1871–74 von Hermann Blankenstein errichteten Apostel-Paulus-Kirche. In dem roten Klinkerbau finden oft Konzerte der unterschiedlichsten Musikrichtungen statt, doch auch der kleine Park drumherum mit dem beliebten Kinderspielplatz lädt zum Verweilen ein. Hier beginnt die leicht ansteigende Akazienstraße mit vielen schönen alten Mietshäusern, besonders an der Ecke zur Grunewaldstraße.

Nun muß man sich allerdings entscheiden, ob man die Fassaden anschauen möchte oder die Läden, die fast die gesamte Akazienstraße – neben den Akazien- oder Robinienbäumen – flankieren und die diese Straße so lebendig und liebenswert machen: Da gibt es zwei vielbesuchte Copy-Shops, zwei geheimnisumwitterte Esoterik-Buchhandlungen (mit einschlägigen Devotionalien), eine hochfrequentierte Getränkehandlung, eine typische Eckkneipe, einen global orientierten Zeitungsladen, eine gutsortierte Lederwarenhandlung (Sattlerei), eine nüchterne Reinigung, eine wohlriechende Schusterei, eine spanische Wein- und Sekthandlung, ein kühles Kosmetik-Hautstudio, einen ungeheuer vielseitigen Schmuck-Steinladen, ein romantisch internationales Restaurant, ein angeschmuddeltes Sex-Kino, ein unverwüstliches Kartoffel-, Obst- und Gemüsegeschäft, drei kundenfreundliche Elektroläden, ein gut besuchtes indisches Restaurant, drei sehr unterschiedliche Bäckereien, eine typische Pizzeria, ein bewährtes Teppichgeschäft, ein diskretes Fußpflegegeschäft, einen intimen Computerladen, zwei freundliche Reisebüros, ein angenehmes Café-Restaurant (»Club der toten Dichter«, wie ein Freund liebevoll titulierte), ein paar auswechselbare Boutiquen, ein familiäres und ein extrava-

Die Akazienstraße mit dem Kirchturm der Apostel-Paulus-Kirche

gantes italienisches Spezialitätengeschäft, eine liebenswerte Buchhandlung, zwei fleißige und frische Gemüse- und Obsthändler aus Arabien, einen klein-feinen CD-Laden, ein originelles Blumengeschäft, einen vielseitigen Strumpfladen, einen hyperavantgardistischen Modeladen, einen fidel-castrobärtigen Stoffhändler, einen verführerischen Second-Hand-Laden, einen strahlenden Lampenladen, eine reizende Dönerbude, ein sachliches Bräunungsstudio, einen traditionsreichen »Felsenkeller«, eine vielbeschäftigte Theaterkasse, einen kompetenten Geflügelhändler, einen frisch-gebackenen Einrichtungsladen, einen vertrauenswürdigen Fleischer und einen Falafel-Laden aus tausendundeiner Nacht. Mehr kann keine Straße bieten.

Schöneberger Exkursionen:
Von der Schöneberger »Insel« zur Lindenhofsiedlung

Schöneberg und Friedenau werden von etlichen Verkehrswegen begrenzt und durchquert, ja geradezu von Gleisen, Bahnhöfen, Autobahnen und Hochbahnviadukten beschnitten und zerteilt. Der industrielle Fortschritt des 19. und frühen 20. Jahrhunderts machte Schöneberg durch seine Lage zwischen Berlin-Mitte und Potsdam, zwischen Ost und West, Nord und Süd zu einer zentralen Durchgangsstation für die verschiedenen Transport- und Verkehrsmittel und zu einem attraktiven Standort für das Militär, für Handwerk und Industrie mitsamt der dazugehörigen Infrastruktur. Der an den Bezirk Tempelhof grenzende östliche Stadtteil Schönebergs ist bis heute von dieser Entwicklung geprägt. Links und rechts von der Bessemerstraße haben sich die großen Betriebe niedergelassen. Schaut man auf einen Stadtplan, sieht man östlich der Hauptstraße hauptsächlich Gleisanlagen, ein großes kleeblättriges Autobahnkreuz mit umliegenden Sportflächen und ein riesiges Areal mit Laubenpiepergärten, sicherlich Schönebergs größte Grünfläche, von Parzelle zu Parzelle sorgsam eingezäunt, umhegt und gepflegt von erholungsbedürftigen Berlinern.

In diesem östlichen Gebiet findet man aber auch einige Inseln, die eine Exkursion durchaus interessant machen. Dort gibt es die »Rote Insel« und einen riesigen Gasometer, der unter Denkmalschutz steht, es gibt einen Trümmerberg, von dem man in die Sterne gucken kann, und es gibt eine bemerkenswerte Wohnsiedlung, an der die meisten Berliner schnur-

stracks vorbeifahren, so versteckt liegt sie. Die nebeneinan-
derliegenden S-Bahnhöfe Großgörschenstraße und Yorck-
straße bilden die Endmarken der Schöneberger »Insel«, die
einst ein Arbeiterviertel zwischen den Gleisen der Stadtbahn
Berlin-Potsdam und der durch Schöneberg verlaufenden
Ringbahn gewesen ist.

Bis 1838, als die Berlin-Potsdamer Eisenbahn gebaut wurde, war Schöneberg selbst noch ein kleines Dorf und das
Gebiet der heutigen »Insel« weitgehend Ackerland. Zuerst
hatte sich das Militär für dieses Gebiet interessiert und schon
1828 einen Teil davon erworben. Das Tempelhofer Feld war
als Übungs- und Paradierplatz zu klein geworden, und so
breitete man sich langsam nach Westen aus. Südlich der
Kolonnenstraße, über die wirklich die Kolonnen aus den Gar-
nisonen in Charlottenburg und Moabit marschieren mußten,
um von Ost nach West und umgekehrt zu gelangen, gab es
lange Zeit erst einmal nur eine Pferderennbahn. Grundle-
gend veränderte sich die Gegend dann in den Jahren zwischen 1828 und 1850, als die Bauern ihr Land an die Eisenbahngesellschaften verkauft hatten und dadurch reich geworden waren. Dennoch blieb das Gebiet der Insel vorerst
ländlich strukturiert. Viele Molkereien gab es hier, Gärtnerei-
en sowie etliche Restaurationsbetriebe und Brauereien. Die
beiden oben beschriebenen Friedhöfe der St. Matthäus-Ge-
meinde und der Zwölf-Apostel-Gemeinde wurden 1856 bzw.
1864 angelegt. Die eigentümliche Insellage entstand allerdings
schon 1841 durch den Bau der Berlin-Anhalter Bahn, was für
die Bewohner zuerst nur nachteilig war, denn es gab erst
einmal keinen Bahnhof auf Schöneberger Gebiet, und so war
man von den Gleisen fast eingeschlossen.

Die Entwicklung Neu-Schönebergs, nördlich vom Kaiser-
Wilhelm-Platz, wo die Kolonnenstraße einmündet, griff mit
der intensiven Bebauung in den siebziger Jahren dann auch
auf die Insel über. Die erste Straße, die von der Kolonnenstraße pfeilgerade nach Süden angelegt wurde, war die 1870
projektierte Sedanstraße (heute Leberstraße). Weitere Stra-

In der Sedanstraße 53 (heute Leberstraße 65)
wurde Marlene Dietrich geboren

ßen folgten und wurden anfangs zwar reichlich unkoordi-
niert, zunehmend aber mit hochgeschossigen Mietshäusern
bebaut. Der Aufschwung Berlins als Deutsche Reichshaupt-
stadt und als Kolonialmacht erhöhte den Bedarf an billigem
Wohnraum. Nun kam auch erst die militärische Nutzung so
richtig in Gang, denn südlich von der Kolonnenstraße wurde
entlang der Gleise ein riesiger Übungsplatz für das neu auf-
gestellte Eisenbahnbataillon eingerichtet. Der Bau der Berliner Stadt- und Ringbahn 1871–77 verstärkte dann die Insellage noch einmal. Die Bebauung stagnierte zwar immer wieder, denn besonders attraktiv war die Wohnlage zwischen
Exerzierplätzen und Eisenbahngleisen nicht gerade. Doch
seitdem die »Insel« 1884 an die Charlottenburger Wasserver-
sorgung und kurz darauf auch an die Kanalisation ange-
schlossen wurde, kam die dichte Bebauung in Schwung, die
Goten- und die Cheruskerstraße entstanden. Die »Rote Insel«
wird dieses Viertel manchmal genannt, weil im Jahr 1879 der

95

Bierverleger Becker in der Sedanstraße die rote Fahne hißte. Kommunistische oder sozialistische Traditionen werden heute allerdings nicht mehr gepflegt, dafür ist die Bevölkerungsstruktur zu gemischt.

Marie Magdalene Dietrich, genannt Marlene, wurde in der damaligen Sedanstraße (Nr. 64) geboren. Viele Studenten wohnen heute in dem Viertel, aber auch viele Rentner und türkische Bürger. Besonders eindrucksvoll ist mittwochs und samstags der Wochenmarkt an der Crellestraße (am Rand der Insel), fast unmittelbar am S-Bahnhof Großgörschenstraße. Dieser Markt ist bis auf wenige Ausnahmen fest in türkischer Hand, und besonders am Samstag sieht man ganze Familien über den Markt ziehen und den Obst- und Gemüsebedarf für die ganze Woche einkaufen. Heißt es oft bei anderen Händlern, daß man die Ware nicht anfassen soll, so wird hier gerade dazu aufgefordert, sich seine Äpfel und Tomaten, Auberginen oder Trauben selbst auszusuchen. Je mehr man kauft, desto günstiger sind die Kilopreise, aber was fängt eine allein lebende Person mit drei Kilo Tomaten an?

Das Wahrzeichen der Schöneberger Insel ist der Gasometer zwischen Torgauer- und Cheruskerstraße. Die englische Firma »Imperial Continental Gas Association« hatte schon 1825 das erste Gaswerk in Berlin gebaut und 1853 in Schöneberg die öffentliche Gasbeleuchtung installiert. Die großen Gasbehälter – einst standen vier Stück davon auf dem Gelände der »Association« – wurden 1910 errichtet, einer ist geblieben, auch wenn er seit der Einführung des Erdgases keine Funktion mehr hat. Als Industriedenkmal ist er mitten in der Stadt ein einmaliges Monument. Die Gasanstalt, die während des Ersten Weltkrieges durch ein fragwürdiges Liquidationsgesetz in deutsche Hände überging – die englischen Besitzer wurden schlichtweg enteignet –, war neben dem Werkstättenbahnhof der Anhalter Eisenbahn und der 1867 gegründeten Schloßbrauerei an der Hauptstraße der größte industrielle Betrieb auf der »Insel«.

Der Insulaner verliert die Ruhe nicht ... (Aufnahme um 1950)

Die Insellage ist auch heute gut nachzuvollziehen, denn die Gleisanlagen sind immer noch – oder schon wieder, wie die Ringbahn – in Betrieb. Aus den Exerzierplätzen sind Spiel- und Sportanlagen geworden, was aber nach Süden hin das Viertel besonders brutal eingrenzt, sind die Autobahntrassen des Schöneberger Kreuzes rings um den Sachsendamm. Es ist zu befürchten, daß auch das vieldiskutierte Projekt einer Autobahnfortführung unter dem berüchtigten Namen »Westtangente« noch lange nicht vom Tisch ist. Wenn man sich einmal einen Stadtplan anschaut, käme doch gar keine andere Streckenführung zum Potsdamer Platz in Frage als östlich der Schöneberger Insel entlang der Anhalter Bahn. Welche Fahnen dann gehißt werden – hüben wie drüben –, kann man sich unschwer ausmalen.

Um von Schönebergs Mitte zum Insulaner zu gelangen, fährt man entweder mit der Bahn zum S-Bahnhof Priesterweg oder hoppelt mit dem Fahrrad etliche Kilometer durch die Kleingarten-Idylle links und rechts vom Priesterweg; man kann aber auch die Parade der kompakten Blockrandbebauung am Grazer Damm »abnehmen«, Nazi-Generalbauinspektor Albert Speers Traum von der Welthauptstadt »Germania«. Die Architekten Carl Cramer, Ernst Danneberg, Richard Pardon und Hugo Virchow bauten diese fünfgeschossigen Häuser mit über 2000 »Volkswohnungen« von 1938–40. Architektonische Gleichförmigkeit herrscht am Grazer Damm auf 1,3 km Länge. Vorbei am weitläufigen Gelände des Auguste-Viktoria-Krankenhauses geht es schnurstracks zu Schönebergs größter Grünfläche, dem Insulaner. Seinen Namen erhielt dieser aus 1,5 Millionen Kubikmetern Schutt und Trümmern errichtete Berg von der Berliner Kabarettruppe »Die Insulaner«. Für den »Kopf« der Gruppe, Günter Neumann, wurde auf dem Berg eine Gedenktafel errichtet. »Die Insulaner« machten in der Nachkriegszeit ein lokalpatriotisches, selbstironisches und teilweise auch anti-kommunistisches Programm, was beim Publikum außerordentlich gut ankam, in östlichen Funktionärskreisen allerdings als Kriegshetzerei diffamiert wurde.

Von 1946 bis 1951 wurde die Parkanlage auf ehemaligem Schrebergartengelände angelegt. Über siebzig Meter ist der Berg hoch, im Winter kann man auf einer langen Rodelbahn hinunter fahren, im Sommer lädt das Freibad zum Badevergnügen ein. Auf dem Gipfelplateau des Insulaners ist 1963 die Wilhelm-Foerster-Sternwarte eröffnet worden. Wilhelm Foerster war der Direktor der alten Universitätssternwarte. Hier kann man heute noch durch die Linsen des hundert Jahre alten Bamberg-Fernrohrs in den Sternenhimmel schauen. Natürlich gibt es im etwas kleineren Zeiss-Planetarium auch modernere Geräte zur Beobachtung des Universums. Am Fuße des Insulaners wurde 1965 das Planetarium gebaut, in dem eindrucksvolle Blicke auf die Milchstraße und weitere Sternen- und Planetensysteme auf einer kuppelartigen Leinwand simuliert werden. Vor einigen Jahren hat man gemerkt, daß man noch viel mehr Publikum in das Planetarium und anschließend in die Sternwarte locken kann, wenn man sozusagen unter dem Himmelszelt auch ein kulturelles Programm

Kinder der Lindenhofsiedlung in den zwanziger Jahren

anbietet. Neben den obligatorischen Vorträgen und Himmels-
erkundungen werden nun auch musikalische oder literarische Darbietungen in einem einmaligen Ambiente zelebriert.
Selbst für Kinder werden Veranstaltungen unter dem Motto
»Von Riesenplaneten und Gespenstermonden« angeboten.
Vom Insulaner hat man zusätzlich einen schönen Blick über
die Stadt und kann weite Teile Schönebergs gut erkennen.

Die Eisenbahnunterführung vom Prellerweg Richtung
Tempelhof ist nicht gerade einladend, aber trotzdem sollte
man den Abstecher wagen, denn hier liegt direkt links hinter
den Brücken die Siedlung »Lindenhof« oder besser das, was
von ihr übrig geblieben ist. Die Reste der Siedlung bilden
trotz vieler Zerstörungen und verfälschender Um- und An-
bauten einen lehrreichen Kontrast zu der Blockrandbebauung
am Grazer Damm.

Die Idee des damaligen Schöneberger Stadtbaurates Mar-
tin Wagner und des Architekten Bruno Taut war es, mitten in
einer industriellen Gegend eine Gartenstadtanlage nach eng-

Originalgetreu restauriertes Torhaus in der Lindenhofsiedlung

lischem Vorbild zu bauen. Von 1918 bis 1921 – also unmittelbar nach dem verheerenden Weltkrieg – entstanden ohne einen festen Bebauungsplan und ohne Beaufsichtigung durch die Baupolizei fast zweihundert Einzelhäuser zwischen der Eythstraße und der Arnulfstraße, und zwar 127 Vier- und 75 Einfamilienhäuser. Phantastisch und wirkungsvoll ist die zusammenhängende Anlage von jeweils 80 Quadratmeter großen Gärten für die Selbstversorgung der Mieter mit Obst und Gemüse. Hier hatte der Gartenarchitekt Leberecht Migge die planerische Feder geführt. Obwohl die Wohnungsgrundrisse genormt waren und es nur zwei Häusertypen gab, wirkt die Ausführung nicht eintönig, denn es wurden zusätzlich für jedes Haus sehr unterschiedliche Balkone, Erker und Loggien mitgebaut. Die Bauweise war durch die Normierung der einzelnen Abschnitte äußerst preiswert und wurde vorbildlich für andere Siedlungen in Berlin und andernorts. Die Mieten waren günstig, und durch die etwas entlegene und gleichzeitig in sich geschlossene Lage gab es einen nachbarlichen und sogar genossenschaftlichen Zusammenhalt zwischen den Mietern. Es wurde vorzugsweise an Schöneberger mit einem geringen Einkommen, an kinderreiche Familien und an Kriegsbeschädigte vermietet. Der Eintritt in die Genossenschaft war allerdings obligatorisch. Legendär wurden die Feste in der Lindenhofsiedlung. Für Kinder war das Areal ein Paradies, denn in der Mitte der Siedlung gibt es einen auch heute noch ziemlich großen Teich.

Den Nazis war der genossenschaftliche Gedanke ein Dorn im getrübten Auge, und sie unternahmen alles, um die Gemeinschaft zu unterwandern und zu zerstören. Kommunisten, Sozialisten und Juden wurden gleich nach 1933 verfolgt, vertrieben und verhaftet, die übrigen Bürger hielt man mit Drohungen ruhig. Die Bombenhagel über Berlin machten auch vor der Siedlung nicht halt, und so wurden mehr als siebzig Prozent der Häuser zerstört – darunter auch das von Bruno Taut erbaute Ledigenheim an der Röblingstraße –, und was nach dem Krieg wiedererrichtet wurde, hatte mit dem einstigen Gartensiedlungsgedanken kaum noch etwas zu tun. Höhepunkt dieser Mißachtung einer klug durchdachten Baukultur war die Errichtung der Hochhäuser in der Röblingstraße. Trotz allem ist die Siedlung durchaus sehenswert, und an manchen Gebäuden und Toren, an den Gärten und an dem Teich ist die ursprüngliche Bebauung noch gut zu erkennen. Bruno Taut war später etwas enttäuscht, daß sich durch eine idealistische Bauweise mit kollektiven Ansprüchen nicht auch die Gesinnung der Bewohner änderte, die eben blieben, was sie waren: einfache Leute, Handwerker, kleine Beamte, Rentner und Pensionäre.

Frau Christa Campen (Name geändert) geht seit ewigen Zeiten schon bei schönem Wetter an den kleinen Teich und füttert die Enten. Alle ihre Verwandten und Bekannten sind gestorben oder längst weggezogen. Von den großen Sommerfesten und von den kindlichen Vergnügungen und Abenteuern auf dem winterlich zugefrorenen See erzählt sie gern, auch wenn sie die Jahreszahlen gar nicht nennen kann. Jedenfalls war es vor den Bombardierungen, und in dieser Welt, in dieser Zeit lebt sie noch heute. Sie hat ihr langes, strohblondes Haar zu Zöpfen geflochten und hochgebunden, ein kornblumenblaues Kleid trägt sie und singt mit einer glockenklaren Stimme alte deutsche Volkslieder. Fast möchte man auf Zehenspitzen die Siedlung durch das mittelalterlich wirkende Torhaus verlassen.

Chronik Schöneberg

1264   Erste urkundliche Erwähnung durch den askanischen Markgrafen Otto III.

1506   Kurfürst Joachim I. erhält das Dorf und unterstellt es dem Amt Mühlenhof

1750   Böhmische Kolonisten in Neu-Schöneberg angesiedelt; Anpflanzung von Maulbeerbäumen für die Seidenraupenzucht; Einwohner: Alt-Schöneberg 168; Neu-Schöneberg 440

1760   Vollständige Zerstörung Alt-Schönebergs im Siebenjährigen Krieg

1763–67   Wiederaufbau; Abschaffung der Erbuntertänigkeit der Bauern

1791–93   Ausbau der Landstraße von Berlin nach Potsdam als preußische Kunststraße

1820–65   Ansiedlung zahlreicher Handwerksbetriebe, Gastwirtschaften und Gärtnereien; Abschaffung der alten Felderwirtschaft und des Flurzwangs

1838–45   Verkauf von Land an Eisenbahngesellschaften durch die Bauern

1861   Eingemeindung großer Teile Schönebergs (im Norden) und des Botanischen Gartens durch Berlin

1864   Gründung der Kur- und Heilanstalt Maison de Santé

1867   Gründung der Schloßbrauerei an der Hauptstraße

1872	Eröffnung des 1. »Schöneberger« Bahnhofs
1874	Vereinigung von Alt- und Neu-Schöneberg
1879	Eröffnung der Pferdebahnstrecke Schöneberg/Potsdamer Brücke
1888	Gründung der »Goerz-Anstalt«; Abriß der Mühle auf dem Mühlenberg
1890	Wochenmarkt auf dem Winterfeldtplatz wird eröffnet, Dampfstraßenbahn Schöneberg-Schmargendorf
1898	Schöneberg wird eigenständige Stadt und Rudolph Wilde erster Bürgermeister
1900	Einweihung des Viktoria-Luise-Platzes
1903–10	Bau des Auguste-Viktoria-Krankenhauses (Rubensstr.)
1908	Gründung und Entstehung des »Industriegelände Schöneberg (AG)« an der Bessemerstraße
1909	Bau der Synagoge in der Münchener Straße
1910	Verlegung des alten Botanischen Gartens; Umsetzung der Königskolonnaden zum Heinrich-von-Kleist-Park; Eröffnung der U-Bahnlinie Nollendorfplatz–Innsbrucker Platz
1911	Alexander Dominicus wird erster Oberbürgermeister
1911–14	Bau des neuen Schöneberger Rathauses
1913	Fertigstellung des Kammergerichtes
1920	Zusammenlegung von Schöneberg und Friedenau als 11. Verwaltungsbezirk Berlins
1924–28	Bau der Ceciliengärten
1928	Erste Massenkundgebung mit Hitler und Goebbels im Sportpalast, wobei es zu Ausschreitungen kommt
1933	Am 28. Juli letzte Sitzung der Bezirksverordneten
1938	Beginn der Bauten am Grazer Damm
1941–42	Beginn der Massendeportationen von Juden im Bayerischen Viertel und andernorts

1943	Sportpalast-Rede von Goebbels, in der er den »totalen Krieg« propagiert
1944	Schauprozesse des »Volkgerichtshofes« im Kammergericht
1945	Heftige Bombenangriffe auch auf Schöneberg; die Rote Armee besetzt das Rathaus
1946	Erste konstituierende Sitzung der Schöneberger Bezirksverordnetenversammlung (17. Dezember)
1949	Nach der politischen Spaltung Berlins erste Sitzung der Stadtverordnetenversammlung im Schöneberger Rathaus (14. Januar 1949); Ernst Reuter wird wieder Oberbürgermeister
1950	Übergabe der »Freiheitsglocke« (24. Oktober)
1961	Bau der Berliner Mauer am 13. August; Massenproteste vor dem Rathaus
1963	Am 26. Juni Besuch John F. Kennedys
1989	Öffnung der Berliner Mauer am 9. November; turbulente Kundgebung vor dem Schönberger Rathaus mit Willy Brandt, Bundeskanzler Helmut Kohl und Bürgermeister Walter Momper
1991	Letzte Senatssitzung im Schöneberger Rathaus am 24. September; Umzug des Regierenden Bürgermeisters ins Rote Rathaus
1993	Letzte Sitzung des Abgeordnetenhauses im Rathaus Schöneberg; Umzug in den Preußischen Landtag

Chronik Friedenau

1871   Der »Landerwerb- und Bauverein auf Aktien« kauft einen Teil des Friedenauer Gebiets vom Großgrundbesitzer Carstenn; Carstenns »Berlin-Charlottenburger Bauverein« behält den Westteil Friedenaus

1874   Erhebung des Gebietes zur »Landgemeinde Friedenau«; Bau des Friedenauer Bahnhofes

1875   Konkurs des »Landerwerb- und Bauvereins«

1881   »Rohbauern« und »Putzbauern« errichten ihre Villen in Friedenau

1887   Neue Berliner Bauordnung, die den Bau fünfgeschossiger Mietshäuser auch in Friedenau erlaubt

1888   Gründung des »Haus- und Grundbesitzer-Vereins«, der die Bauweise in Friedenau reguliert; Gründung der »Goerz-Anstalt«

1891   Gasbeleuchtung in Friedenau

1904   Gemeinsame Kanalisation von Schöneberg und Friedenau

1912   Friedenau erhält den Namen »Berlin-Friedenau«

1913   Grundsteinlegung für das Rathaus Friedenau

1920   Friedenau und Schöneberg werden gemeinsamer Verwaltungsbezirk

Literatur

Badstübner-Gröger, Sibylle/Bollé, Michael/Paschke, Ralph u.a.: Dehio-Berlin, Handbuch der deutschen Kunstdenkmäler, München, Berlin 1994

Benjamin, Walter: Berliner Kindheit um neunzehnhundert, Frankfurt am Main 1987

Benn, Gottfried: Briefe an F.W. Oelze, Band 1–3, Frankfurt am Main 1982

Berliner Geschichtswerkstatt (Hg.): Die Rote Insel, zur Geschichte des Schöneberger Arbeiterviertels, Berlin 1989

Berliner Geschichtswerkstatt (Hg.): »Das war 'ne geschlossene Gesellschaft hier«. Der Lindenhof: Eine Genossenschaftssiedlung in der Großstadt, Berlin 1987

Bezirksamt Schöneberg (Hg.), Emine Demirbüken und Dagmar Saschewag: Schöneberger Spiegel – Multiberlinal, Berlin 1997

Bezirksamt Schöneberg (Hg.), Insa Eschenbach u.a.: Maison de Santé, Ehemalige Kur- und Irrenanstalt, Schöneberg auf dem Weg nach Berlin, Berlin 1989

Bezirksamt Schöneberg (Hg.), Reingard Jäkl: Vergnügungsgewerbe rund um den Bülowbogen, Berlin 1987

Bezirksamt Schöneberg (Hg.), Eberhard Schönknecht: Vom Dorfkrug zum Prälaten, Berlin 1987

Bezirksamt Schöneberg (Hg.), Petra Zwatka: Schöneberg auf dem Weg nach Berlin, Historische Pläne, Texte und Fotografien, Berlin 1987

Bezirksamt Schöneberg (Hg.), Eckhardt Barthel u.a.: Handel und Gewerbe, Firmengeschichte entlang eines Historischen Straßenzugs Rheinstraße-Hauptstraße-Potsdamer Straße, Berlin 1987

Blumensath, Christel und Heinz: Das andere Friedenau – Spaziergänge durch 125 Jahre Kunst-, Literatur- und Baugeschichte, Berlin 1996

Börsch-Supan, Eva und Helmut/ Kühne, Günter/ Reelfs, Hella: Berlin, Kunstdenkmäler und Museen, Reclam Kunstführer, Bd. VII, Stuttgart 1977

Frisch, Max: Montauk, Eine Erzählung, Frankfurt am Main 1981

Grass, Günter: Aus dem Tagebuch einer Schnecke, Darmstadt und Neuwied 1972

Härlin, Benny/Sontheimer, Michael: Potsdamer Straße – Sittenbilder und Geschichte, Berlin 1983

Hammer, Klaus/Nagel, Jürgen: Historische Friedhöfe und Grabdenkmäler in Berlin, Berlin 1994

Hermann, Georg: Kubinke, Berlin 1997

Hermann, Georg: Die Nacht des Doktor Herzfeld/Schnee, Berlin 1997

Hessel, Franz: Ein Flaneur in Berlin, Neuausgabe von »Spazieren in Berlin«, Berlin 1984

Johnson, Uwe: Berliner Sachen, Aufsätze, Frankfurt am Main 1975

Koeppen, Wolfgang: Gesammelte Werke, Bd. 5, herausgegeben von Marcel Reich-Ranicki, Hans-Ulrich Treichel und Dagmar von Briel, Frankfurt am Main 1987

Klüsener, Erika: Else Lasker-Schüler, Reinbek bei Hamburg 1980

Meyer-Kronthaler, Jürgen: Berlins U-Bahnhöfe, Die ersten hundert Jahre, Berlin 1995

Lasker-Schüler, Else: Gedichte 1902–1943, München 1986

Mayer, Herbert: Schöneberg – Wegweiser zu Berlins Straßennamen, Berlin 1994

Mierau, Fritz (Hg.): Russen in Berlin 1918–1933, Weinheim-Berlin 1988

Nabokov, Vladimir: Erinnerung, sprich, Wiedersehen mit einer Autobiographie, Reinbek bei Hamburg 1995

ders.: Stadtführer Berlin, Fünf Erzählungen, Stuttgart 1985

Nicolas, Ilse: Vom Potsdamer Platz zur Glienicker Brücke, Berlin 1979

Orte des Erinnerns, Bd.1. Das Denkmal im Bayerischen Viertel, herausgegeben vom Kunstamt Schöneberg, Schöneberg Museum und Gedenkstätte Haus der Wannsee-Konferenz, Berlin 1994

Rühle, Günther (Hg.): Literaturort Berlin, Berlin 1994

Straub, Enrico: Berliner Grabdenkmäler, Berlin 1984

Viergutz, Volker: Schöneberg, Geschichte der Berliner Verwaltungsbezirke, Bd.5, Berlin 1988

Voß, Karl: Reiseführer für Literaturfreunde, Berlin, Frankfurt-Berlin-Wien 1980

Welz, Wilfried/ Goeters, Cornelius C. (Hg.): Rathaus Schöneberg, Stationen einer politischen Karriere, Berlin 1995

Wille, Klaus-Dieter: Spaziergänge in Schöneberg, Berlin 1981

Wörner, Martin/ Mollenschott, Doris/ Hüter, Karl-Heinz: Architekturführer Berlin, 3. Auflage, Berlin 1991

Wollschläger, Günter: Chronik Friedenau, Berlin 1986